하루 30분 30일 완성

NFT
크리에이터

하루 30분 30일 완성
NFT 크리에이터

초판 1쇄 인쇄 2022년 7월 4일
초판 1쇄 발행 2022년 7월 14일

지은이   어정이
발행인   장지웅
편집   선우지운
마케팅   이상혁
진행   이승희
교정교열   채정화
본문디자인 박은진
표지디자인 손현주

펴낸곳   여의도책방
인쇄   (주)예인미술
출판등록   2018년 10월 23일(제2018-000139호)
주소   서울시 영등포구 여의나루로 60 여의도포스트타워 13층
전화   02-6952-2431
팩스   02-6952-4213
이메일   esangbook@lsinvest.co.kr

ISBN 979-11-91904-17-8 (03320)

메타버스와 블록체인이 바꿀 웹3.0 시대 N잡러 매뉴얼

하루 30분

30일 완성

NFT 크리에이터

BUY

MINT

어정이 지음

여의도
책방

차례

week 1   NFT 기본 개념 이해하기

week 2   NFT 마켓플레이스 이용하기

NFT의 세계에
들어가보자

NFT의 시대가 왔다

NFT(Non-Fungible Token)는 블록체인 상에서 유통되는 토큰의 한 종류로, 각자 고유한 값을 가지고 있어 다른 것으로 대체 불가능한 토큰을 말한다. 예를 들어, 지폐는 대체 가능하다고 말할 수 있다. 1만 원짜리 지폐는 어떤 것이든 같은 가치를 지닌 다른 화폐와 교환할 수 있기 때문이다. 그러나 NFT는 각각의 토큰이 모두 다르며 가치도 저마다 다르므로 가격도 다르게 매길 수 있다. 따라서 진위(眞僞)와 소유권 입증이 중요한 그림, 음악, 영상 등의 콘텐츠 분야에 이 기술을 적용할 수 있다. 또한 블록체인 기술을 이용해 자산에 일련번호를 부여해 복제, 위변조를 막을 수 있다. 게다가 디파이(Decentralized Finance, 블록체인 기술을 바탕으로 한 탈중앙화 금융)와 NFT가 성장할수록 코인의 거래량과 쓰임새도 늘어나는 만큼, 관련 기술이 암호화폐 산업을 키우는 데 기여할 것이란 전망이 나온다.

NFT가 대중에게 크게 알려지게 된 첫 번째 작품은 아마도 비플(Beeple)의 NFT 작품일 것이다. 마이클 윈켈만(Michael Winkelmann)은 비플이라는 이름으로 활동

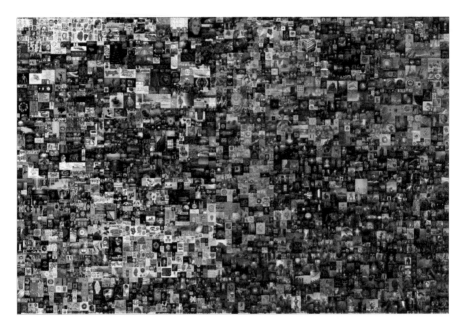

크리스티 온라인 경매에서 6,930만 달러에 낙찰된 비플의 〈매일: 첫 5,000일〉 NFT   출처: 비플

하며 매일매일 디지털 그림을 하나씩 그렸고, 이 파일을 모은 디지털 이미지를 하나의 NFT 작품으로 만들었다. 그는 자신의 그림을 〈매일: 첫 5,000일(Everydays: The First 5,000 Days)〉이라는 이름으로 공개했고, 2021년 3월 11일 크리스티 온라인 경매에서 이 작품은 약 6,930만 달러(당시 약 830억 원)에 낙찰되며 생존 작가 가운데 가장 높은 경매가 3위를 차지했다. 비플의 작품 경매가격으로 NFT는 단숨에 '돈이 되는 자산', '돈이 되는 그림'이라는 개념으로 대중에게 기억되었다.

사람들은 그의 그림의 경매가에도 놀랐지만 NFT 작품을 창작하기 위한 비플의 노력에도 크게 놀랐다. 그 외에도 놀라운 점은 하나 더 있었다. 비플의 작품 경매 응찰 시작가는 겨우 100달러에 불과했다. 소속 갤러리나 전시 기록조차 없으며, 이전 경매 기록도 전무한 작가의 작품이 시작가의 거의 70만 배에 달하는 경이로운 가격에 낙찰되자 언론을 비롯해 많은 사람의 관심을 끌었다.

디지털 그림 〈워 님프〉 경매 소식을 알린 그라임스의 트위터 메시지

출처: 트위터

비플이 디지털 그림을 그리는 작업에 큰 관심을 둔 것은 2018년 즈음부터였다. 그는 NFT 작업을 하는 화가들과 모임을 가지면서 NFT 작업에 매력을 느껴 작업을 꾸준히 기록했고, 이를 모은 작품인 〈매일: 첫 5,000일〉을 NFT로 만들었다. 비플은 〈매일: 첫 5,000일〉을 실제로 5,000일 동안 하루도 쉬지 않고 그렸다. 그리고 이 작품은 단숨에 무명 디지털 화가였던 비플을 세계적인 디지털 화가로 만들었다. 비플의 노고와 정성이 깃든 이 디지털 작품을 단순히 상업적인 계산으로만 바라볼 것이 아니라 작품에 담긴 가치까지 생각해볼 만하다.

초창기 NFT 작품 중 유명한 작품이 하나 더 있다. 테슬라의 최고경영자인 일론 머스크(Elon Musk)의 전 연인이자 가수인 그라임스(Grimes)의 작품 또한 NFT를 알리는 데 일조했다. 그는 〈워 님프(War Nymph)〉라는 10점의 디지털 컬렉션을 경매에 선보였는데 이 작품 역시 경매에 나온 지 20분 만에 65억 원에 팔렸다. 당시에 그라임스는 일론 머스크의 여자친구라는 유명세와 더불어 낙찰 가격 65억 원이라는 수치, 가수로서의 유명세 등으로 NFT를 세상에 널리 알리는 데 커다란 영향을 미쳤다.

비플과 그라임스의 작품을 두고 일각에서는 'NFT＝자본'이라고 보도하기도 한다. 물론 이 공식이 꼭 틀린 것은 아니다. NFT라는 단어 자체에 금전적 개념이 담긴 '토큰'이라는 단어가 포함되어 있기 때문이다. 하지만 NFT를 토큰 자체라고는 정의할 수 없다. 그보다는 '디지털 등기부 등본' 또는 '디지털 증명서'라 정의하는 것이 좀 더 정확할 것이다.

30일 만에 완성하는 쉬운 NFT

이 책은 총 30일 기준으로 NFT에 대한 내용을 설명하고 있다. 즉, NFT를 처음 접하는 사람도 한 달 안에 NFT를 만들 수 있도록 구성했고 특히 블록체인과 NFT의 관계, 그리고 미래의 산업 구조까지 다루고자 했다.

1주차에는 블록체인과 스마트 컨트랙트, NFT의 핵심 기술에 대해 알아볼 것이다. NFT를 토큰이라는 관점에서 바라보면 '어떤 토큰을 사용하는지'에 초점을 맞출 수 있다. NFT를 ERC 기반의 이더리움으로 사용하느냐 혹은 클레이 기반으로 사용하느냐도 중점적으로 알아볼 예정이다. 1주차를 끝내면 NFT에 담긴 핵심 기술을 이해할 수 있으리라 기대한다.

2주차에는 실제 NFT를 제작하기 위한 과정을 준비했다. 케이뱅크에 가입하는 방법부터 이더리움을 구입하고, 메타마스크를 설치하는 방법 등을 하나씩 알아볼 것이다. 이 과정을 하나씩 따라하다 보면 어려워 보였던 NFT 제작이 생각보다 그리 어렵지 않다는 것을 알게 될 것이다.

3주차에는 실제 NFT를 만드는 민팅 과정을 통해 오픈시와 라리블을 살펴보고, 작품을 만든 후 수익화하는 방법 등을 살펴볼 예정이다. 민팅을 하면서 주의해야 할 사항, 각 마켓별로 어떤 식의 홍보를 진행하면 좋은지 등도 여기서 배울 수 있다.

4주차에는 각 마켓을 중심으로 한 실전 NFT를 살펴볼 예정이다. NFT를 거래하는 주요 방법 중 하나인 경매에 대해 기본적인 정보와 각 경매별 장점을 알아본 뒤, 이를 위한 커뮤니티와 관련 아이템도 살펴볼 것이다.

마지막 이틀은 4차 산업혁명 시대의 핵심 기술이 될 NFT와 메타버스에 대한 이야기와 무료, 또는 1만 원 이하의 저렴한 NFT를 구매해보는 방법을 살펴보았다. 본인의 NFT를 만드는 동시에 다른 이들의 NFT를 구매해보면 새로운 시각으로 이를 바라볼 수 있으리란 생각에서였다. 또한 각 주의 마지막 날에는 그 주에 배웠던 내용을 정리할 수 있도록 핵심 정보를 요약해두었으므로 한 번씩 환기하고 지나갈 수 있도록 구성했다.

현재 NFT 시장은 활발하게 움직이는 터라 이 책에서 소개하는 것보다 훨씬 많은 마켓플레이스가 존재한다. 마켓플레이스들이 우후죽순 등장하고 있는 시기인 만큼, 제대로 검증된 NFT 시장을 알아보기에도 최적의 시기가 아닐까 한다. 이 책이 NFT에 대한 관심을 확장시키고 NFT를 판매하거나 또는 구매하고자 하는 계획을 가진 독자에게 조금이나마 도움이 되었으면 하는 바람을 담았다. 그럼 이제 시작해보자.

NFT 기본 개념 이해하기

블록체인은 언제 시작되었을까

블록체인의 종류와 특징을 알아보자

스마트 컨트랙트란 무엇인가

NFT의 성공 사례를 알아보자

NFT의 핵심 기술은 무엇인가

NFT 이해를 돕는 커뮤니티와 사이트

블록체인은
언제 시작되었을까

블록체인의 탄생 🔍

블록체인은 사이버펑크(Cyberpunk) 운동에 근원을 두고 있는 기술이다. 사이버펑크 운동이란 중앙집권화된 국가와 거대 기업에 대항해 개인정보를 보호하기 위해 탈중앙화 시스템을 만들기 위한 사회운동을 뜻한다. 초창기 사이버펑크 운동가들은 개인정보 보호를 위해 암호 기술을 이용하고자 했으며, 익명성을 보장하는 데 앞장섰다.

1990년, 데이비드 차움(David Chaum)은 디지캐시(DigiCash)라는 전자화폐 기업을 설립해 최초의 암호화폐인 이캐시(ecash)를 만들었다. 데이비드 차움에 의해 익명 거래 시스템이 제안된 이후, 미국의 수학자이자 컴퓨터 프로그래머인 에릭 휴즈(Eric Hughes)가 1993년 '사이버펑크 선언'을 발표했다. 그 역시 개인정보를 보호하기 위한 익명 거래 시스템을 개발할 것을 제안했다. 이후 영국의 암호학자

애덤 백(Adam Back)은 익명성을 보장하고 이중 지불을 막는 가상화폐인 해시캐시 (Hashcash)를 만들었다.

비슷한 시기 마이크로소프트의 연구원이었던 웨이 다이(Wei Dai)는 익명성과 분산 방식을 기초로 하는 암호화폐인 비머니(B-Money)를 고안했다. 웨이 다이가 고안한 비머니는 비트코인의 기초 개념을 제공했다. 비머니는 각 참여자가 비머니를 얼마나 가지고 있는지에 대한 정보를 바탕으로 모든 참여자가 별도의 데이터베이스에 해시 함수(Hash Function)로 암호화해 서로 연결된 블록으로 저장하게 한다는 점에서 블록체인과 유사한 개념을 보여주었다. 해시 함수는 임의의 길이의 데이터를 고정된 길이의 데이터로 매핑하는 함수로, 보통 전자 서명 등에 사용되며 파일 변조가 어렵기 때문에 보안 분야에 널리 사용되고 있다.

이후 1998년경 닉 재보(Nick Szabo)는 스마트 컨트랙트 기반의 암호화폐인 비트골드(BitGold)를 고안하기도 했지만 기술적 한계로 당시에는 개발이 어려웠다. 이처럼 블록체인 기술을 통해 많은 연구자들이 다양한 방면에서 새로운 개념을 제시했으나 기술적, 상용화의 한계로 인해 제자리걸음을 하는 듯 보였고 한동안 이렇다 할 움직임 또한 표면적으로 드러나지도 않았다.

그러다 2008년 10월 31일 사토시 나카모토(Satoshi Nakamoto)라는 익명의 누군가가 논문을 게재했다. 그는 「비트코인: 개인 대 개인의 전자화폐 시스템(Bitcoin: A Peer-to-Peer Electronic Cash System)」이라는 9쪽짜리 논문을 작성하고 그 내용을 암호학계 관련자들이 공동으로 사용하는 메일링 리스트로 전송했다. 이 논문은 현재 사이트(bitcoin.org/bitcoin.pdf)에서도 확인할 수 있다. 그리고 2009년 1월 3일 사토시 나카모토는 블록체인 기술을 적용한 최초의 암호화폐 비트코인(Bitcoin)을 개발하고 C++ 언어로 작성한 소스 코드를 배포했다. 사토시 나카모토의 비트코인은 이후 비트코인의 소스 코드를 부분적으로 변형한 네임코인, 컬러드코인, 메타코인 등 새로운 코인들이 출현하는 데 기반을 제공했는데, 사토시 나카모토는

2008년 10월 31일 다음과 같은 메시지를 공개했다.

"나는 새로운 전자화폐 시스템을 개발하고 있는 중이다.
이는 완전한 P2P 방식이고 신뢰할 수 있는 제3자가 필요 없다."

사토시 나카모토의 비트코인 논문은 학계에 큰 반향을 일으켰다. 결국 사토시 나카모토의 논문 이후 5년 후인 2013년 프로그래머였던 비탈릭 부테린(Vitalik Buterin)은 '이더리움(Ethereum) 백서'를 통해 블록체인 기술을 이용한 스마트 계약, 즉 스마트 컨트랙트(Smart Contract)를 제안했다.

스마트 컨트랙트란 블록체인을 기반으로 한 기술이다. 이는 사전 협의한 내용을 미리 기록해둔 다음 모든 조건이 충족되면 자동으로 계약 내용이 실행되게 하는 기술로, 금융 거래, 부동산 계약, 공증 등 다양한 형태의 계약을 체결할 수 있게 돕는다. 비탈릭 부테린은 그다음 해에 암호화폐 공개(ICO, Initial Coin Offering)를 통해 개발 자금을 확보한 다음, 2015년 7월 30일 이더리움 서비스를 시작했다.

이더리움은 비트코인과 차별화를 둔 전략을 추구했다. 기본적으로 비트코인과 이더리움 모두 온라인 거래소를 이용하는 암호화폐고, 중앙은행이 아닌 곳에서 발행되는 분산형 토큰이며, 블록체인 원장 기술을 사용한다. 그러나 비트코인이 전통 화폐를 대체하는 기술로서 기능했다면, 이더리움은 위조가 어렵다는 장점을 활용해 비트코인이 각종 계약서 등을 위변조 없이 관리한다는 점을 차용했다. 바로 이 점에서 비트코인을 '블록체인 1.0'이라 부르고, 이더리움을 '블록체인 2.0'이라고 부르는 계기가 되었다. 즉, 비트코인은 화폐로서 기능할 수 있고 이더리움은 계약 내용을 저장하는 기능까지 갖추었다.

차세대 블록체인인 이더리움이 2015년 서비스를 시작한 이후 현재 시장에는 약 1만 종 이상의 암호화폐가 존재한다. 제1세대 암호화폐는 비트코인, 제2세대 암호화폐는 이더리움, 제3세대 암호화폐로 카르다노, 이오스, 스팀 등이 그 자리를 차지하게 되었다. 제1세대 암호화폐는 작업증명(PoW, Proof of Work) 방식에 따른 채굴, 즉 마이닝(Mining)에 의해 새로운 블록이 형성되었다. 하지만 제3세대 암호화폐는 지분증명(PoS, Proof of Stake), 위임지분증명(DPoS, Delegated Proof of Stake) 등 다양한 새로운 합의 알고리즘을 제안하면서, 기존의 제1세대, 제2세대 암호화폐의 단점을 최대한 보완하는 동시에 빠른 처리 속도와 확장성을 구현하고자 했다.

작업증명은 말 그대로 '작업을 통해 증명하는' 과정으로 보안을 유지하기 위해 해시 함수를 적용한 고정된 길이의 값인 해시(Hash)값을 구한다. 이처럼 작업증명은 새로운 블록을 블록체인에 추가하는 작업을 완료했음을 증명하는 합의 알고리즘을 뜻한다. 이는 블록체인의 탈중앙화 특성에 부합하지만 컴퓨터 성능이 발달함에 따라 난도 조건이 높아지며 컴퓨팅파워를 낭비하고 에너지 소모가 심해지는 단점이 있다.

지분증명이란 해당 암호화폐를 보유하고 있는 지분율에 비례해 의사결정 권한을 주는 합의 알고리즘이다. 주주총회에서 주식 지분율에 비례해 의사결정 권한을 가지는 것과 유사하다. 또한 채굴 과정이 필요 없고, 카르다노(에이다), 큐텀, 피어코인 등의 암호화폐가 이 방식을 택하고 있다. 이더리움도 작업증명 방식에서 조만간 지분증명 방식으로 변경할 예정이다. 작업증명 방식은 비트코인의 핵심 개념이기도 하지만 시간이 오래 걸린다는 단점이 있다. 이후 속도를 개선하기 위해 지분증명 방식이 도입되었는데 이는 가상화폐를 보유한 사람에게 블록체인 생성 권한을 주는 방식으로, 작업증명처럼 연산 능력을 요구하는 것이 아니라 상대적으로 에너지를 적게 쓰는 장점이 있다.

그리고 위임지분증명은 암호화폐 보유량에 따라 투표권을 행사해 의견을 산출하는 방식이다. 이 기술은 더 확장되어 탱글(Tangle), 해시그래프(Hashgraph), 홀로체인(Holochain) 등 블록체인 자체의 기술적 한계를 극복한 새로운 대안적 알고리즘으

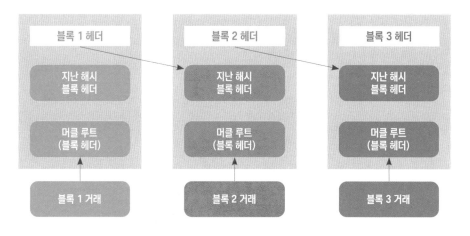

[그림 1-1] **블록체인의 구성 원리**   출처: bitcoin.com

로서 제안되고 있다. 탱글은 네트워크 이용자가 많을 경우 트랜잭션(Tracsaction) 처리 속도가 빨라지게 하는 방식으로 사물 인터넷에 특화된 기술이다. 해시그래프는 기존 블록체인과 달리 하나의 노드가 다른 불특정 노드에 정보를 전달하는 알고리즘으로 작동된다. 개별 사용자가 서로를 신뢰할 수 없어도 신뢰를 창출하는 시스템이고 효율성과 공정성, 빠른 속도, 낮은 가격도 장점이다. 홀로체인은 에이전트와 분산 해시 테이블을 이용한 분산원장 기술로, 탱글이나 해시그래프와는 다른 독자성을 띠고 있는데 홀로체인을 이용한 분산 저장 기술과 관련 프로토콜, 서비스 증명을 가능하게 한다.

블록체인은 여러 개의 온라인 거래 기록을 묶어 하나의 데이터 블록(Block)을 구성하고 해시값을 이용해 이전 블록과 이후 블록을 하나의 체인(Chain)처럼 연결한 뒤, 이 정보의 전부 또는 일부를 개인 간 거래 방식인 P2P(Peer to Peer)를 채택해 전 세계 여러 컴퓨터에 복사해서 나누어 저장하고 관리한다. 블록체인 기술은 거래정보가 담긴 장부를 중앙 서버 한곳에 저장하는 것이 아닌, 블록체인 네트워크에 연결된 여러 컴퓨터에 저장 및 보관하는 기술로, 분산 데이터베이스의 한 형

[그림 1-2] 소규모 데이터가 체인 형태로 무수히 연결된 블록체인의 이미지 출처: 픽사베이

태로 규정하고 있기도 하다. 따라서 블록체인을 '분산 컴퓨팅 기술 기반의 데이터 위변조 방지 기술'이라 정의할 수 있다.

따라서 누구도 이 기술을 임의로 바꿀 수 없지만, 한쪽에서는 사용자 모두 이 바뀐 기술의 결과를 모두 공개해 오픈소스(Open Source)에 의해 열람할 수도 있다. 블록에는 해당 블록이 발견되기 이전에 사용자들에게 전파되었던 모든 거래 내역이 기록되어 있고, 이는 P2P 방식으로 모든 사용자에게 똑같이 전송되기 때문에 거래 내역을 임의로 수정하거나 누락시킬 수 없다. 블록은 발견된 날짜와 이전 블록에 대한 연결 고리를 가지고 있으며 이러한 블록들의 집합을 블록체인이라 칭한다.

한편 블록체인을 비즈니스 네트워크에서 트랜잭션을 기록하고 자산을 추적하는 프로세스를 효율화하는 불변의 공유 원장이라 정의하고 있는 시각도 있다. 트랜잭션이란 데이터통신상 관리 대상이 되는 기본적인 정보를 기록한 파일 내용을 추가, 삭제 및 갱신할 수 있는 거래를 뜻한다. 쉽게 얘기하면 입하, 출하, 매상, 반품, 임금, 출금, 정정 등의 데이터가 전부 트랜잭션에 속한다. 블록체인은 모든 거래 참여자가 관리자이며, 일단 법칙을 정하면 바꾸기 어렵다. 즉, 블록체인이 공유 원장(계약서)으로 기능해 주택, 자동차, 현금, 토지 등의 유형 자산 또는 지적 재산권, 특허, 저작권, 브랜드 등의 무형 자산을 보호하는 기능을 수행할 수 있다고 보는 것이다. 따라서 가치를 지닌 모든 것들이 블록체인 네트워크상에서 추적되고 거래됨으로써, 이에 연결된 모든 것들에 대한 위험성을 낮추고 비용을 절약할 수 있다. 이처럼 블록체인은 이미 우리 일상생활의 많은 곳에 영향을 미치고 있다.

한마디로 블록체인은 '수많은 기록을 한 묶음으로 만드는 기술'이라고 정의할 수 있다. 따라서 기존의 전자화폐로 거래할 때 중앙 서버에 거래 기록을 보관하는 것과는 달리 블록체인은 모든 사용자에게 거래 기록을 보여주며 서로 비교해 위조를 막는다. 이런 블록체인의 독특한 특성으로 인해 탈중앙화된 거래에 있어 블록체인을 효율적으로 이용하면 투명성과 익명성을 보장받고 거래를 유지해나갈 수 있다.

블록체인의 종류와
특징을 알아보자

블록체인의 종류와 특징

블록체인은 정보를 분산처리하는 기술과 암호화하는 기술을 동시에 적용하기 때문에 높은 보안성을 확보해야 한다. 동시에 중앙 서버에서 분리된 탈중앙화의 특징도 지닌다. 따라서 블록체인은 신속성과 투명성을 특징으로 한다. 블록체인은 중앙 서버(Central Server) 방식에서 탈중앙화함으로써 여러 곳에서 동시에 공격하는 해킹 방식인 디도스에서도 벗어날 수 있다. 좀 더 자세하게 알아보기 위해 우선 블록체인의 거래 과정을 살펴보자.

❶ A가 B에게 송금 희망 등의 거래 요청을 한다.

❷ 해당 거래 정보가 담긴 블록이 생성된다.

❸ 블록이 네트워크상의 모든 참여자에게 전송된다.

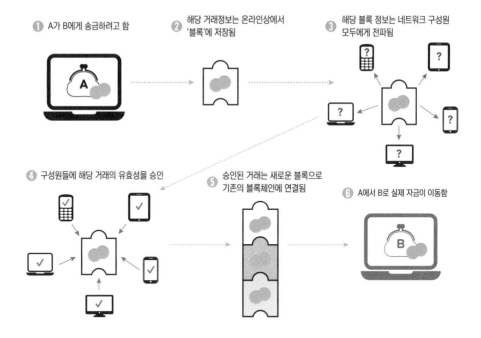

① A가 B에게 송금하려고 함

② 해당 거래정보는 온라인상에서 '블록'에 저장됨

③ 해당 블록 정보는 네트워크 구성원 모두에게 전파됨

④ 구성원들에 해당 거래의 유효성을 승인

⑤ 승인된 거래는 새로운 블록으로 기존의 블록체인에 연결됨

⑥ A에서 B로 실제 자금이 이동함

[그림 2-1] **블록체인을 통한 거래 방법**   출처: 톰슨 로이터(Thomson Reuters), 2016.1.16.

④ 참여자들은 거래 정보의 유효성을 상호 검증한다.

⑤ 참여자 과반수의 데이터와 일치하는 거래 내역은 장부 확인 방식을 통해 검증되고, 이렇게 검증이 완료된 블록은 이전 블록과 연결되면서 사본이 만들어져 각 사용자의 컴퓨터에 분산 저장된다.

⑥ A가 B에게 송금하며 거래가 완료된다.

블록체인에서는 거래가 이루어질 때마다 거래정보가 담긴 블록이 생성된다. 이 블록은 계속 앞뒤로 연결되면서 모든 참여자의 컴퓨터에 분산 저장된다. 따라서 이를 해킹하거나 임의로 수정, 위조, 또는 변조하려면 전체 참여자의 반수 이상의 거래정보를 동시에 수정해야 하므로 사실상 변조가 불가능하다. 동시에 블록체인에서는 모든 거래정보를 누구나 열람할 수 있도록 공개한 상태이므로, 은행 같은 제3자의 보증 없이 당사자 간에 안전한 거래가 가능해진다. 블록체인의 특징은 다음과 같다.

❶ 탈중앙화

블록체인 네트워크 참여 개체 간의 분산 및 협업으로 운영된다.

❷ 투명성

다수의 참여 개체가 일관된 트랜잭션 상태를 공유한다.

❸ 불변성

블록체인에 기록된 내용의 변조가 거의 불가능해 무결성을 유지할 수 있다.

❹ 안전성

단일 지점 오류가 발생하더라도 안정적인 네트워크 운영이 가능하다.

블록체인은 활용 목적에 따라 퍼블릭 블록체인(Public Blockchain), 컨소시엄 블록체인(Consortium Blockchain), 프라이빗 블록체인(Private Blockchain)으로 나눌 수 있다.

최근에는 하이브리드 블록체인(Hybrid Blockchain)까지 포함해 4가지로 분류하기도 한다. 하이브리드 블록체인은 퍼블릭 블록체인과 프라이빗 블록체인을 연결하거나 두 블록체인의 특징을 합친 혼합형 블록체인으로, 모든 면에서 검증이 가능한 특징을 지닌다. 하이브리드 블록체인에서 발생하는 거래는 비공개로도 진행할 수 있고, 거래 내용을 공개할 수도 있다. 이는 폐쇄형 블록체인에서도 작동하므로 정보 유출을 막을 수 있으나 투명성과 보안성이 낮다는 점이 단점으로 지적

구분	퍼블릭 블록체인	컨소시엄 블록체인	프라이빗 블록체인
관리자	모든 거래 참여자	컨소시엄에 소속된 참여자	중앙 기관이 모든 권한 보유
거버넌스	한 번 법칙을 정하면 바꾸기 어려움	컨소시엄 참여자의 합의에 따라 법칙을 바꿀 수 있음	중앙 기관의 의사결정에 따라 법칙을 바꿀 수 있음
거래속도	네트워크 확장이 어렵고 거래속도가 느림	네트워크 확장이 쉽고 거래속도가 빠름	네트워크 확장이 매우 쉽고 거래속도가 빠름
데이터 접근	누구나 접근 가능함	허가받은 사용자만 접근 가능함	허가받은 사용자만 접근 가능
식별성	익명성	식별 가능	식별 가능

[표 2-1] 블록체인의 종류와 특징   출처: KIRI 연구보고서

되기도 한다. 이런 하이브리드 블록체인으로는 퍼블릭과 프라이빗을 연계한 더블체인(Double Chain) 등이 있다. 하이브리드 블록체인을 제외한 세 가지 블록체인의 특징은 위와 같다.

퍼블릭 블록체인

퍼블릭 블록체인은 개방형 블록체인이기 때문에 누구나 트랜잭션을 진행할 수 있다.

퍼블릭 블록체인은 공공 거래장부의 성격을 지니고 있다. 우리가 보통 알고 있는 블록체인은 퍼블릭 블록체인이다. 퍼블릭 블록체인은 누구나 참여할 수 있고 모든 참여자의 상호 검증을 거치기 때문에 신뢰도가 높다. 이유는 트랜잭션 내역이 모두에게 공개되어 네트워크에 참여한 모든 노드가 이를 검증하고 거래를

승인하기 때문이다. 노드란 대형 네트워크의 연결 장치나 데이터 지점(Data Point)을 의미하는데 개인용 컴퓨터, 휴대전화, 프린터와 같은 정보처리 장치가 전부 노드에 속한다.

누구나 데이터에 접근이 가능하기 때문에 퍼블릭 블록체인은 익명성을 전제로 한다. 하지만 모든 참여자가 이를 검증하고 승인하기 때문에 동시에 단점도 발생한다. 앞에서 설명했듯 모든 기록을 남기고 이를 참여자끼리 공유하게 되므로 시간이 오래 걸리므로 처리 속도가 느리다.

컨소시엄 블록체인 🔍

컨소시엄 블록체인은 같은 목적이나 가치를 가진 다수의 기업과 단체가 하나의 컨소시엄을 구성하고 그 안에서 작동하게 하기 위해 만든 블록체인이다. 이는 프라이빗 블록체인의 확장 개념으로 이해할 수 있고 서로 다른 프라이빗 블록체인의 결합으로 탄생한, 신뢰성과 확장성을 동시에 가진 블록체인이다.

컨소시엄 블록체인은 탄생에서부터 이질적인 블록을 오더링 서비스 노드(Ordering Service Nodes, 네트워크 내의 구성 정보를 소유한 시스템 관리자 역할을 하는 서버)라는 프로세스로 연결해 신뢰성을 확보하고 확장성을 가지게 되었다. 컨소시엄 블록체인은 '하나의 단체' 개념으로서 프라이빗 블록체인의 하위 개념으로 볼 수도 있지만 퍼블릭 블록체인과 프라이빗 블록체인의 성격을 모두 갖고 있다. 넓은 의미에서 컨소시엄 블록체인은 프라이빗 블록체인의 한 형태다.

컨소시엄 블록체인은 컨소시엄에 소속된 참여자가 관리자이며 거버넌스에 의하면 컨소시엄 참여자들의 합의에 따라 법칙을 바꿀 수 있다. 또 네트워크 확장이 쉬우므로 거래속도가 빠르다는 장점이 있으며 허가받은 사용자만 접근 가능하기에 프라이빗 블록체인처럼 허가받은 사용자만 식별할 수 있다.

프라이빗 블록체인 🔍

프라이빗 블록체인은 폐쇄형 블록체인이라고도 불린다. 프라이빗 블록체인은 서비스 제공자인 기업 또는 기관의 승인을 받아야만 참여할 수 있다. 기업에서 주로 활용해 엔터프라이스 블록체인(Enterprise Blockchain)이라고도 한다. 여러 기업 또는 기관에서 공동으로 참여하는 컨소시엄 블록체인(Consortium Blockchain)도 넓은 의미에서는 프라이빗 블록체인에 속한다고 할 수 있다.

프라이빗 블록체인은 법적 책임을 지는 기관만 트랜잭션을 생성할 수 있다. 승인된 기관만 검증하는 시스템이기 때문에 승인받은 노드만 참여하는 형태를 취한다. 프라이빗 블록체인은 하나의 중앙 기관이 모든 권한을 보유하는 관리자의 역할을 수행하기에, 거버넌스(Governance) 역할을 하는 중앙 기관의 의사결정에 따라 쉽고 편하게 법칙을 바꿀 수 있다. 거버넌스란 공동체 구성원들이 의사결정에 참여해 주요 사항을 공동으로 결정하는 시스템을 말한다. 최근 블록체인 기술을 이용한 다오(DAO, 탈중앙화 자율 조직)가 등장해 수평적이고 자유로운 거버넌스 구조가 가능하게 되었다. 마찬가지로 다른 노드의 검증을 구할 필요가 없기 때문에 처리 속도가 훨씬 빠르다.

그러나 프라이빗 블록체인의 사용자는 서비스 제공자에게만 의존해야 하는 시스템이기 때문에 퍼블릭 블록체인에 비해 신뢰성이 떨어진다. 이런 이유로 프라이빗 블록체인에서 발생하는 시간상의 트랜잭션을 해시 함수로 만들어 퍼블릭 블록체인에 저장하는 방식인 앵커링(Anchoring)으로 신뢰성을 극복해야만 한다. 앵커링은 프라이빗 블록체인의 여러 문제를 해결하는 문제 해결 방식의 하나인

구분	퍼블릭 블록체인	컨소시엄 블록체인	프라이빗 블록체인
거래증명	작업증명과 지분증명 등 알고리즘에 따라 거래 증명자가 결정되고 거래 증명자가 누구인지는 사전에 알 수 없음	거래 증명자가 인증을 거쳐 알려진 상태이고 사전에 합의된 규칙에 따라 검증 및 블록 생성이 이루어짐	중앙 기관에 의해 거래 증명이 이루어짐
활용사례	비트코인	R3 CEV	나스닥 비상장 주식 거래소인 링크(Linq)

[표 2-2] 블록체인의 종류와 특징   출처: KIRI 연구보고서

데, 앵커링의 적용으로 프라이빗 블록체인의 진본성과 악의적 왜곡의 합의를 방지할 수 있는 가장 획기적인 신기술로 평가받고 있다. 최근 KB국민카드 프라이빗 블록체인의 경우 앵커링을 이용해 간편인증 시스템을 시행하고 있다. 한국조폐공사가 추진 중인 블록체인 공공 플랫폼 역시 앵커링 시스템을 포함시키는 플랫폼으로 설계되어 진본성을 퍼블릭 블록체인 노드의 참여로 보증하고 있다.

프라이빗 블록체인은 네트워크 참여 컴퓨터인 노드의 개수를 조정해 설치 비용을 감소시켜 기존 서버 중심의 비용을 줄일 수 있다. 블록체인 플랫폼은 기존 서비스 단위의 개별 서비스마다 만들어내는 단일 프로그램이 아닌 여러 가지 응용 프로그램을 한 플랫폼에 서비스할 수 있다. 그래서 각종 증명, 서류, 보험금 지급, 토큰의 생성 등에 관여될 수 있다.

보험사나 보험 산업의 경우 프라이빗 블록체인을 도입하게 될 가능성이 높다. 프라이빗 블록체인의 경우, 참여하는 노드 수가 적은 경우 해커나 외부 침입에 취약할 수 있어 상대적으로 신뢰도가 떨어질 수 있으므로 주의해야 한다.

컨소시엄 블록체인의 활용사례인 R3 CEV는 글로벌 금융 서비스 개발 회사인 R3를 중심으로 글로벌 IT 기업과 은행들이 참여하는 형태다. R3 CEV는 2015년 9월 결성되었으며, 여기에는 시티그룹, 뱅크오브아메리카, JP모건체이스, 골드만

삭스, 모건스탠리, UBS 등 43개 금융 회사가 참가했다. R3 CEV는 위키(WIKI) 형태의 지식 라이브러리와 가입 멤버 간 원활한 소통을 위해 게시판 형태로 온라인 채팅룸을 만들어 운영해 자유로운 의견 교환이 가능하다.

하이브리드 블록체인   🔍

하이브리드 블록체인은 퍼블릭 블록체인과 프라이빗 블록체인의 단점을 보완하기 위해 생긴 블록체인이다. 우선 하이브리드 블록체인은 퍼블릭 블록체인의 장점을 지니고 있다. 따라서 탈중앙화와 투명성, 불변성, 안전성 등의 주요 기능을 가지고 있다. 하지만 블록체인 소유자의 규칙 설정 방법에 따라 접근 방식이 다르다. 정보의 비공개 또는 공개가 불가능하고 신뢰가 없는 프로젝트에 가장 적합하다. 공급망, 은행, 금융, 사물인터넷 등에서 효과적으로 활용할 수 있다. 퍼블릭과 프라이빗 블록체인의 결합의 형태로 정보 일부는 공개하지 않고, 일부는 공개하는 형태를 취하고 있다. 또한 비교적 규칙 변경이 가능해 필요와 목적에 따라 변화 가능하다. 퍼블릭 블록체인이 모두에게 정보 공개가 가능한 장점을 갖고 있지만 하이브리드 블록체인은 프라이빗 블록체인의 성격도 갖고 있기 때문에 일부는 소유자의 요청에 의해 정보가 비공개 상태로 놓일 수 있다. 하이브리드 블록체인의 참여자는 익명성 등 제한이 있지만, 공개된 익명성에 대해서는 서비스를 유지할 수 있다.

day
3

스마트 컨트랙트란
무엇인가

블록체인은 네트워크의 모든 참가자가 원장 데이터를 중앙 서버가 아닌 네트워크에 기록하고 거래를 관리하는 개인 간 거래를 지향하고 있으며, 탈중앙화를 핵심 개념으로 하는 기술이라고 이미 2일차에서 살펴보았다. 이러한 분장원장 기술(DLT, Distributed Ledger Technology)은 보안 강화, 처리 과정에서의 신뢰 증진, 감시 확대, 비용 절감과 같은 장점이 있으나 분장원장 기술이 개발 초기라는 점, 아직 대규모로 성공한 실험이 없다는 점 등은 한계로 지적된다.

따라서 분장원장 기술은 기술적으로 이중 지불이 방지되는 인증된 거래, 데이터의 추적과 투명한 거래, 해킹이 불가능한 생태계에 기반을 두어 활용되고 있다. 블록체인은 보안성이 높고 위조와 변조가 어렵다는 특성 등으로 인해 데이터 원본의 무결성 증명이 요구되는 공공 및 민간 영역에 적용할 수 있다. 이는 새로운 신뢰 사회를 구현하기 위한 기반 기술로도 충분히 가치가 있는 기술이기도 하다.

블록체인은 거래 장부로 쓰이는 데이터뿐만 아니라 거래 계약도 중간 신뢰 담당자(Trusted Third Party) 없이 거래할 수 있는데 이를 스마트 컨트랙트, 즉 스마트 계약이라 한다. 스마트 컨트랙트는 2013년 비탈릭 부테린에 의해 탄생했다. 기존의 비트코인의 한계를 보완한 형태의 이더리움은 스마트 계약 플랫폼으로 서비스를 시작함으로써 지금의 형태로 자리 잡았다.

스마트 컨트랙트는 모든 실행 결과가 블록체인에 기록되는 블록체인 시스템 상의 컴퓨터 프로그램이라 정의하기도 한다. 블록체인 스마트 컨트랙트는 입력 매개 변수 외에는 블록체인에 기록된 데이터만을 사용하기 때문에 블록체인 시스템 내 어떤 참여 개체가 실행하더라도 같은 결과를 얻을 수 있으며, 누구나 결과를 검증할 수 있는 특성을 가진다. 블록체인 스마트 컨트랙트를 실행하는 과정은 다음과 같다.

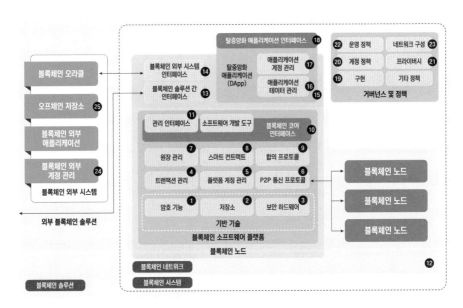

[그림 3-1] 블록체인의 구조

출처: 국가 공공기관 도입을 위한 블록체인 암호기술 가이드라인

[그림 3-1]은 데이터를 저장해서 고객에게 서비스를 제공하기 위한 블록체인의 구성을 도식화한 표다. 차례로 블록체인 소프트웨어 플랫폼, 블록체인 시스템, 블록체인 솔루션으로 블록체인 구조(아키텍처)를 구성할 수 있다.

블록체인 소프트웨어 플랫폼은 각 블록체인 노드에 탑재되어 블록체인 노드가 블록체인 시스템에 참여할 수 있도록 제공되는 프로세스(암호 기능, 트랜잭션 관리, 스마트 컨트랙트, 탈중앙화 애플리케이션 등), 저장소(안전한 저장소, 원장 관리 등), 통신 기능(P2P 통신 프로토콜, 합의 프로토콜, 애플리케이션, 인터페이스 등)의 집합이다.

블록체인 시스템은 운영 정책, 네트워크 구성 방법 등 사전에 정의된 것으로 정부의 거버넌스 정책에 따라 네트워크를 구성하고 블록체인을 공유할 수 있도록 구현한 것이다.

블록체인 솔루션은 블록체인 기반 서비스를 제공하는 데 필요한 모든 기능을 통합 구현한 것이다. 일반적으로 블록체인 솔루션은 블록체인 시스템을 기반으로 블록체인 외부 시스템(블록체인 오라클, 오프체인 저장소 등), 외부 블록체인 솔루션과의 연계 기능을 포함한 개념이다. 일반적인 블록체인 소프트웨어 플랫폼의 트랜잭션 처리 과정은 [그림 3-2]에서 살펴볼 수 있다. 다만 상세 과정은 블록체인 소프트웨어 플랫폼별로 다를 수 있다.

❶ 블록체인에 기록을 남기고자 하는 개체는 트랜잭션 생성 권한을 가진 개체에 트랜잭션 생성을 요청한다.

❷ 생성 요청을 받은 개체는 트랜잭션을 생성한다.

❸ 트랜잭션을 생성한 개체는 트랜잭션을 네트워크 내의 다른 노드에 전달한다.

❹ 생성된 트랜잭션을 전달받은 노드는 트랜잭션이 올바른지 검증한다.

❺ 블록을 생성할 수 있는 권한을 지닌 노드는 전달받은 트랜잭션을 모아 블록을 생성한다.

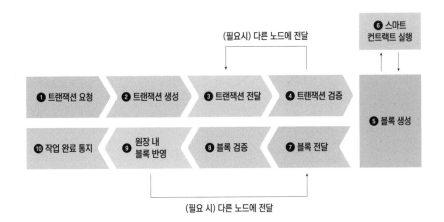

[그림 3-2] 트랜잭션 처리 과정 　　　　　　　　　　출처: 국가 공공기관 도입을 위한 블록체인 암호기술 가이드라인

❻ 블록을 생성하는 과정에 스마트 컨트랙트가 포함되어 있다면 이를 실행하고, 실행 결과를 블록에 포함한다. 스마트 컨트랙트의 실행은 블록체인 소프트웨어 플랫폼에 따라 트랜잭션 생성 시점에 이루어질 수도 있다.

❼ 블록을 생성한 개체는 블록을 다른 노드에 전달한다. 필요에 따라 트랜잭션과 노드의 전달은 여러 차례 이루어질 수 있다.

❽ 생성된 블록을 전달받은 노드는 블록의 구성요소 중 하나인 헤더와 블록에 담긴 트랜잭션이 올바른지 검증한다. 이 과정을 통해 위변조 가능성을 확인한다.

❾ 올바른 블록인 경우 노드는 자신의 원장에 새로운 블록을 반영하고, 자신의 상태 데이터베이스를 갱신한다.

❿ 트랜잭션을 생성한 개체는 트랜잭션이 블록에 반영되면 요청 개체에 작업이 완료되었음을 알린다.

　블록체인 스마트 컨트랙트는 이처럼 모든 실행 결과가 블록체인에 기록되는 블록체인 시스템상의 컴퓨터 프로그램이다. 특히 입력 매개 변수 외에는 블록체

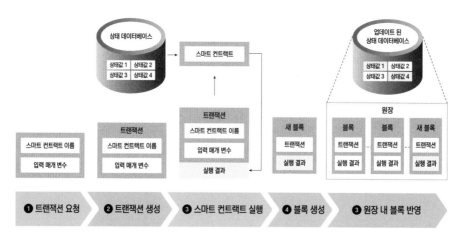

[그림 3-3] 스마트 컨트랙트의 실행 과정 　　　　　출처: 국가 공공기관 도입을 위한 블록체인 암호기술 가이드라인

인에 기록된 데이터만을 사용하기 때문에 블록체인 시스템 내 어떤 참여 개체가 실행되더라도 같은 결과를 얻을 수 있으며, 누구나 결과를 검증할 수 있는 특성을 가진다. 블록체인 스마트 컨트랙트를 실행하는 과정은 [그림 3-3]과 같다.

❶ 스마트 컨트랙트를 실행하려는 개체는 해당 스마트 컨트랙트의 이름과 실행에 필요한 입력 매개변수를 정리해 트랜잭션을 생성할 수 있는 개체에 전달한다.

❷ 트랜잭션을 생성할 수 있는 개체는 전달받은 내용을 기반으로 트랜잭션을 생성하고, 스마트 컨트랙트를 실행할 수 있는 개체에 전달한다.

❸ 스마트 컨트랙트를 실행할 수 있는 개체는 자신의 현재 데이터베이스를 참고해 스마트 컨트랙트를 실행하고 실행 결과를 전달받은 트랜잭션에 덧붙인 후 블록 생성 노드에 그 내용을 전달한다.

❹ 블록 생성 노드를 전달받은 트랜잭션은 블록에 그 내용을 포함하고, 전달받은 결과에 따라 자신의 원장과 상태 데이터베이스를 업데이트한 후 생성된 블록을 전파한다.

❺ 블록을 전달받은 개체는 각자 자신의 원장과 상태 데이터베이스를 업데이트한다.

이런 과정에서 블록체인 네트워크에 스마트 컨트랙트의 실행 결과가 포함된 트랜잭션이 공유되므로 블록체인 시스템 내 모든 개체는 자신의 상태 데이터베이스를 활용해 스마트 컨트랙트가 올바르게 실행되었는지 검증할 수 있다.

스마트 컨트랙트의 탄생 🔍

스마트 컨트랙트는 컴퓨터 과학자이자 암호학자인 닉 재보에 의해 1996년경 논의되기 시작했다. 닉 재보가 제시한 스마트 컨트랙트의 핵심은 인터넷에서 서로 모르는 이들 간의 전자 상거래 프로토콜을 설계함으로써 계약법 관련 사업 방식을 확립한다는 개념이었다. 하지만 스마트 컨트랙트는 2009년에 이르러서야 비로소 구체화되기 시작했다. 이는 최초의 암호화폐인 비트코인을 바탕으로 하는 블록체인과 함께 다시 등장했는데, 비트코인과 같은 블록체인을 통해서야 스마트 컨트랙트에 적절한 환경이 제공되었기 때문이었다. 그는 이미 1998년에 '비트골드'라는 탈중앙화 디지털 화폐의 메커니즘을 고안해냈다. 비트골드는 비록 구현되지는 않았지만 비트코인의 특징 중 다수를 이미 갖추고 있었다.

오늘날의 스마트 컨트랙트는 주로 암호화폐와 관련이 있다. 스마트 컨트랙트와 암호화폐 둘 중 어느 쪽도 단독으로는 존재할 수 없다. 탈중앙화 암호화폐 프로토콜은 원칙적으로 탈중앙화된 보안 및 암호화 기능을 갖춘 스마트 컨트랙트이기 때문이다. 이들은 현존하는 암호화폐 네트워크 대부분에서 널리 사용되고 있고, 이더리움에서 가장 부각되고 대중에게 알려지는 특징 중 하나다.

이제 일상생활에서 스마트 컨트랙트를 어떻게 활용할 수 있는지 알아보자. 예를 들어 집을 팔아야 한다고 가정해보자. 이 과정에는 복잡하고 많은 서류가 필요할 뿐 아니라 다양한 회사 및 사람들과의 의사소통이 요구되며, 다양하고도 큰 위험이 수반된다. 따라서 집을 사고파는 사람 대부분은 전문가인 부동산 중개인을 찾아 서류 작업과 부동산 판매 등을 위임한다. 이는 거래가 끝날 때까지 계속된다.

부동산 중개소가 제공하는 서비스를 에스크로(Escrow)라고 할 수 있는데 이는 크고 복잡한 거래에 특히 유용하다. 에스크로는 상거래 시, 판매자와 구매자의 사이에 신뢰할 수 있는 중립적인 제3자가 중개해 금전 또는 물품이나 서비스를 제공하는 것을 뜻한다. 에스크로는 거래의 안전성을 확보하기 위해 이용된다. 이는 관련된 금액이 고가이고 거래 상대방을 사실상 완전히 신뢰할 수 없기 때문이다.

부동산 거래가 성공적으로 이루어지고 나면 판매자와 구매자의 각 중개인들은 판매 가격의 일부를 수수료로 나눠 갖는다. 이는 판매자와 구매자 모두에게 상당한 재정적 손실이 아닐 수 없다. 특히 부동산 가격이 천정부지를 찍는 상황에서, 그리고 대부분 부동산 거래를 은행 대출을 받아 준비하는 입장에서 고액의 수수료는 부담스러울 수밖에 없다. 스마트 컨트랙트는 바로 이런 상황에서 유용하다.

스마트 컨트랙트는 에스크로 서비스 역할을 담당할 수 있다. 즉, 돈과 소유권이 모두가 시스템에 저장되어 참여 당사자들에게 정확히 동시에 분배할 수 있다. 이 거래는 수백 명의 사람이 증인이 되고 검증하기 때문에 계약 사항을 안전하게 전달할 수 있다. 당사자들 간의 신뢰는 문제되지 않으므로 중재자가 필요 없다. 부동산 중개인이 하는 모든 기능을 스마트 컨트랙트에 미리 프로그램해 넣을 수 있으므로 판매자와 구매자 모두가 상당한 금액을 절약할 수 있다. 그리고 이런 스마트 컨트랙트는 업계 전체에 변화를 불러일으킬 수도 있다. 스마트 계약을 통해 신뢰성 문제를 해결할 수 있기 때문이다. 참고로 스마트 컨트랙트는 '~을 할 경우 ~이다(If Then)'라는 원칙을 따르는데, 이는 합의된 금액이 시스템에 전송되어야만 주택 소유권이 매입자에게 양도됨을 의미한다.

하지만 이것은 스마트 컨트랙트의 여러 가지 잠재적 용도 중 하나일 뿐이다. 확장된 스마트 컨트랙트는 금융 거래를 비롯해, 기타 재산 및 가치 있는 그 밖의 모든 것을 쉽게 교환할 수 있게 해준다. 스마트 컨트랙트는 완전한 투명성을 보장하고, 중개자의 서비스와 그에 수반되는 값비싼 수수료를 지불하는 것을 피할 수 있게 도와주며, 당사자들 간의 신뢰 문제를 해결할 수 있다. 특정 스마트 컨트랙트의 코드에는 당사자들이 합의한 모든 약관이 포함되어 거래 자체에 대한 정보를 탈중앙화된 분산형 공공 원장인 블록체인에 기록하게 하기 때문이다.

스마트 컨트랙트의 종류와 특징 🔍

또 다른 예를 하나 더 들어보자. 스마트 컨트랙트의 작동 방식은 자판기와 닮은 점이 많다. 자판기에서 원하는 음료를 얻기 위해 정확한 금액을 입금하면 결제한 만큼의 물품을 받을 수 있다. 이처럼 필요한 만큼의 암호화폐를 스마트 컨트랙트에 넣어놓기만 하면 에스크로, 주택 소유권, 운전면허증 등을 자신의 계좌에 들어오게 할 수 있다. 이 모든 규칙은 스마트 컨트랙트에 의해 사전에 정의되어 있고, 이에 대한 집행도 스마트 컨트랙트에 의해서 이루어진다.

스마트 컨트랙트는 단독으로도 작동할 수 있지만 다른 스마트 컨트랙트와도 함께 구현될 수 있다. 이들은 서로 얽혀 있는 방식으로 설정된다. 예를 들어, 특정 스마트 컨트랙트 하나를 성공적으로 완료하면 다른 스마트 컨트랙트가 시작되도록 할 수 있다. 이론적으로는 시스템과 조직 전체가 전적으로 스마트 컨트랙트상에서 운영될 수 있다. 이 경우, 모든 법칙이 사전에 정의되어 있기 때문에 네트워크 자체가 자율적이고 독립적으로 기능할 수 있다. 그리고 각 컨트랙트에는 객체와 조건, 환경 등의 구성 요소가 필요하다.

스마트 컨트랙트의 필수 구성요소 1. 객체

모든 스마트 컨트랙트에는 세 가지가 필요하다. 첫 번째는 '스마트 컨트랙트의 객체'다. 객체는 서명인, 즉 스마트 컨트랙트를 이용하는 둘 이상의 당사자를 뜻한다. 이들은 디지털 서명을 이용해 계약 조건에 동의하거나 동의하지 않으면서 스마트 컨트랙트를 실행한다. 특히 이들은 스마트 컨트랙트의 환경 내에 존재하는 객체거나, 스마트 컨트랙트가 해당 객체에 대해 아무런 제약 없이 직접 접근할 수 있어야 한다. 스마트 컨트랙트가 처음 논의된 것은 1996년이었지만, 당시 더 진전되지 못한 것은 바로 이 객체 문제 때문이었다. 이 문제는 2009년에 최초의 암호화폐가 등장한 후에야 부분적으로나마 해결되었다.

스마트 컨트랙트의 필수 구성요소 2. 구체적인 조건

모든 스마트 컨트랙트에는 구체적인 조건이 포함되어야 한다. 이러한 조건은 자세하게, 그리고 특정 스마트 컨트랙트의 환경에 적절한 프로그래밍 언어를 이용해 수학적으로 기술되어야 한다. 여기에는 앞서 언급된 조건과 관련된 모든 규칙, 보상 및 처벌은 물론 모든 참여 당사자에게 기대되는 요건들도 포함된다.

스마트 컨트랙트의 필수 구성요소 3. 특정 환경

스마트 컨트랙트가 제대로 기능하기 위해서는 특정하고 적절한 환경 내에서 운영되어야 한다. 이런 환경은 세 가지 조건을 필요로 한다.

❶ 스마트 컨트랙트는 공개키 암호 방식을 사용해야 한다. 이를 통해 사용자는 별도 생성된 고유 암호 코드를 이용해 거래를 승인할 수 있다. 이는 현재 암호화폐가 사용하는 시스템과 동일하다.

❷ 스마트 컨트랙트에는 계약 당사자가 전적으로 신뢰할 수 있는 탈중앙화된 데이터베

이스가 필요하다. 따라서 블록체인, 그중에도 특히 이더리움 블록체인은 스마트 컨트랙트에 가장 적합한 환경을 제공한다.

❸ 스마트 컨트랙트에 사용되는 디지털 데이터는 완전히 신뢰할 수 있는 것이어야 한다. 여기에는 이미 널리 사용되고 있으며 오늘날의 소프트웨어 대부분에서 자동으로 구현되고 있는 루트 SSL 보안 인증서(웹사이트의 콘텐츠가 브라우저에 전송되는 동안 사이트에서 주고받는 모든 데이터를 암호화하는 방식), HTTPS 및 기타 보안 연결 프로토콜 등이 포함된다.

스마트 컨트랙트의 장점

스마트 컨트랙트의 장점은 다음 다섯 가지를 들 수 있다.

❶ 자율성

스마트 컨트랙트는 제3자가 필요 없으므로 기본적으로 계약에 대한 통제권을 스스로 부여한다.

❷ 신뢰성

스마트 컨트랙트로 문서를 보관할 때 가장 중요한 부분이다. 스마트 컨트랙트에 의해 문서는 암호화되어 보안 유지가 이루어지는 공유 원장에 안전하게 저장되기 때문에 안심할 수 있다. 이 과정에서 상대방 자체를 신뢰할 필요도 없고, 마찬가지로 신뢰해주기를 기대할 필요도 없다. 스마트 컨트랙트의 공정한 시스템이 신뢰를 대체하기 때문이다.

❸ 경제성

스마트 컨트랙트 덕분에 공증인, 부동산 중개업자, 조언자 등 기타 중개자가 필요 없다. 또한 이런 거래 시에 보통 내야 했던 높은 수수료도 낼 필요가 없다.

❹ 안전성

올바르게 구현된 스마트 컨트랙트는 해킹할 수 없다. 스마트 컨트랙트는 복잡하게 암호화되어 보호되기 때문에 사용자의 문서를 안전하게 지켜준다.

❺ 효율성

스마트 컨트랙트를 이용하면 무수히 쌓인 문서를 수작업으로 처리하는 데 들었던 시간과 비용, 특정 장소로 전송할 때 생기는 고생을 줄일 수 있다.

스마트 컨트랙트의 단점

하지만 이렇게 완벽해 보이는 스마트 컨트랙트에도 단점이 존재한다. 스마트 컨트랙트의 보안 취약점은 크게 ❶ 오버플로(Overflow)와 언더플로(Underflow) 문제, ❷ 메시지 호출, ❸ 접근 권한 제어, ❹ 리엔트런시(Reentrancy), ❺ 짧은 주소 공격(Short Address Attacks), ❻ 잔액 조건 무효화 공격, ❼ 디도스 공격 등으로 압축할 수 있다.

오버플로는 용량을 초과해 넘쳐흐르는 현상으로 한정된 메모리 용량을 넘기는 값이 들어갈 때 발생하는 오류를 뜻한다. 반대로 언더플로는 숫자가 최솟값 이하로 감소하는 경우를 말한다. 메시지 호출과 접근 권한 문제 역시 보안 관련한 문제로 해킹과 연결되어 있다.

리엔트런시(재진입 현상)는 거래가 진행되는 과정에서 새로운 거래가 발생해서 일어나는 이중 거래를 뜻한다. 리엔트런시가 발생할 경우 이중 지불 문제가 발생할 수 있다.

짧은 주소 공격이란 트랜잭션 내의 주소가 짧을 때 발생하는 문제로 송금 문제가 발생할 수 있어, 진행 전에 반드시 유효성 검사를 해야 한다.

잔액 조건 무효화 공격은 해커가 강제로 일정한 금액을 송금해 잔액을 증가시킨 다음 실행할 수 없었던 코드를 강제로 실행하게 하는 공격 중 하나다. 그 외 디도스 공격은 해커 공격을 뜻한다.

이 외에도 여러 보안 관련 문제들이 존재하기는 하나 계속 해결되어가는 중이다. 하지만 이런 문제 대부분은 아직 스마트 컨트랙트가 개발된 지 얼마 안 된 새로운 기술이어서 발생하는 것들이다. 이런 문제들은 시간이 지남에 따라 각각의 해결 방안을 찾아내고 있다. 머지않아 스마트 컨트랙트는 머지않아 우리 사회의 필수 불가결한 계약이자, 떼려야 뗄 수 없는 요소가 될 것이다.

NFT의 성공 사례를 알아보자

NFT와 토큰이란 무엇인가 🔍

NFT는 '대체 불가능 토큰'이라는 뜻을 지녔다. 이 말을 이해하려면 우선 대체 가능하다는 것이 무엇인지, 그리고 토큰이 무엇인지 각각 알아야 한다.

대체 불가능하다는 말을 정의하기 위해서는 우선 대체 가능한 것들에는 무엇이 있는지 알아보자. 대체 가능하다는 것은 1대 1로 교환할 수 있는 모든 것을 의미한다. 달러나 동전, 암호화폐 등 어떤 것이든 같은 가치를 지닌 것은 대체 가능하다. 예를 들어, 5만 원권을 1만 원권 5장으로 교환해도 가치가 달라지지 않으므로 이는 '대체 가능한' 자산이라고 볼 수 있다.

반면 대체 불가능한 것들은 각기 고유성을 지닌다. 예를 들어, 다이아몬드와 같이 개별적으로 가치가 달라지는 일부 귀금속 역시 대체 불가능하고, 항공권이나 영화표 역시 좌석에 따라 한 사람만 앉을 수 있으므로 대체 불가능한 것에 속한다. 앤디 워홀과 같은 예술가들의 특정 예술품 역시 고유성을 지닌다. 특히 항공권은 좌석의 위치나 등급에 따라 가격이 다를 수 있고, 전부 특정 자리를 표기하고 있어 같은 것이 두 개 존재할 수 없다. 항공권과 다이아몬드, 예술 작품처럼 고유성을 지닌, 대체 불가능한 (블록체인) 토큰인 NFT는 특정 작품이나 내용을 암호화해 만들어 블록체인에 영구적으로 남기고 그 고유성을 보장받는다. 특히 누구든 무한정 복제할 수 있는 디지털 파일에 대해서도 제작자가 고유 소유권을 매겨 발행할 수 있다.

그리고 토큰은 일종의 화폐로 기능하는 것을 뜻한다. 대부분 '코인'이라는 용어와 '토큰'이라는 용어를 같은 의미로 사용하는 경우가 종종 있다. 하지만 코인과 토큰 사이에는 중요한 차이가 있다. 토큰은 자체 블록체인을 갖고 있지 않은 암호화폐다. 대신 토큰은 다른 코인의 블록체인을 활용한다. 토큰은 특정 블록체인 플랫폼에서 동작하는 응용 서비스에서만 사용하는 암호화폐다. NFT를 발행할 때 주로 사용하는 블록체인 플랫폼은 이더리움이다. NFT는 ERC-20(Ethereum Request for Comment 20)이라는 특정 이더리움 플랫폼을 사용하는데 이는 EIPs(Ethereum Improvement Proposals)에서 관리하는 공식 프로토콜이다. 간단히 말하자면, 이더리움 네트워크에서 정한 표준 토큰 스펙이라고 보면 된다. ERC-20 토큰은 이더리움과 교환 가능하며 이더리움 지갑으로 전송이 가능하다. 이더리움과 같은 개방형 블록체인을 통해 NFT를 발행하면 고유성이 보장된다는 의미도 추가된다. 한편, NFT의 대체 가능성은 추적 가능성(Traceability)이나 가분성(Divisibility)과는 구분된다. 대체 가능성과 가분성은 다음과 같이 정의할 수 있다.

폐쇄형 블록체인(허가형, 프라이빗)은 사용자들만 그 내용을 공유하기 때문에 누구나 내역을 확인할 수 있는 것은 아니고, 허가된 경우에만 추적 가능하다. 동시에 프라이빗 블록체인 내에 있는 사용자가 복제할 가능성이 있기 때문에 가분성(나뉘는 성질)을 지녀야 한다. 하지만 NFT는 본질적으로 대체 불가능하므로 폐쇄형 블록체인의 추적 가능성과 가분성과는 구별되게 만들어졌다.

❶ 추적 가능성

모든 NFT는 추적 가능하지만, 추적 가능한 모든 토큰이 NFT가 되는 것은 아니다. 특정 지폐의 유통경로를 알 수 있다고 해서 명목화폐가 NFT로 기능하진 않는다.

❷ 가분성

일정한 조건에서 변하는 성질로, NFT가 처음 개발될 당시에는 토큰을 나눌 수 없었으나 최근 분할 소유가 가능한 NFT가 출시되었다. 따라서 불가분성을 NFT의 특징으로 보기는 힘들어졌다.

크립토키티와 NFT

블록체인 기술을 활용한 게임의 선구자로는 크립토키티(CryptoKitties)를 들 수 있다. 크립토키티는 대퍼랩스(Dapper Labs)사에서 만든 블록체인 기반 육성 게임으로, 다양한 고양이를 교배해 새로운 고양이를 만들어내는 게임이다. 크립토키티는 이더리움 ERC-721 토큰 방식의 분산응용 방식인 디앱(DApp)으로 작업해 2017년 출시되었다. ERC-721은 한정판으로 발행되고 소유권을 인증하며 발행된 토큰의 가치가 모두 다르다는 뜻의 규약이다(반대로 ERC-20은 모든 토큰의 가치가 동일하다). 크립토키티의 경우 유전형질, 생김새 등이 다르고, 거래 역시 온라인 속 고양이 1마리 단위로 이뤄진다. 이처럼 ERC-721은 게임에 주로 쓰이는 수집형 토큰으로, ERC-721로 발행되는 토큰은 대체 불가능해서 각각 고유한 가치를 지닌다.

[그림 4-1] 크립토키티 홈페이지 　　　　　　　　　　　　　　　　　출처: 크립토키티 홈페이지

　　디앱이란 분산원장 시스템에서 수행하는 탈중앙화된 응용 프로그램으로 각 계약 조건을 블록체인에 기록하고 그 조건이 충족됐을 경우 자동으로 계약이 실행되는 프로그램을 뜻하는데, 금융 거래를 비롯한 다양한 계약에 활용할 수 있다. 대퍼랩스는 이 ERC-721을 활용해 증서 방식의 토큰을 도입했다. 이처럼 크립토키티는 ERC-721 표준을 이용해 대체 불가능한 토큰인 NFT를 통해 거래의 안전성을 보장하고 고양이의 개별 희소성을 증빙하는 수단으로 사용했다.

　　그런데 사람들이 다양한 크립토키티를 교배하며 새로운 크립토키티를 생성하는 과정에서 특정한 크립토키티가 희귀한 특성을 지니기 시작했다. 그리고 이런 희귀한 고양이들이 고가에 거래되기 시작하면서 사람들의 관심을 끌었다. 고양이의 생김새는 무작위로 결정되도록 설계되어 있다. 따라서 게임 참여자들은 전 세계에 단 하나밖에 없는 고양이를 갖게 된다. 서로 다른 고양이들이 만나 교배를 하면 점점 더 희귀한 고양이들이 탄생하기도 했다. 실제로 특정 고양이는 1억 원이 넘는 금액에 팔리기도 했다.

[그림 4-2] 1억 원 넘는 가격에 팔린 크립토키티의 제네시스 고양이 출처: 크립토키티 홈페이지

크립토키티는 개별 고양이를 NFT로 발행해 아이템 거래에서 희소성을 보장받고, 자산 가치를 평가받을 수 있도록 거래되기에 이르렀다. 각 게임 참여자는 크립토키티 내에서 고양이 캐릭터를 수집하고 교배시키며, 새로운 고양이를 암호화폐로 사고팔 수 있는데, 각 고양이의 가격은 매력도에 따라 달라진다. 특이한 점은 크립토키티 고양이들은 제각각 다른 모습을 하고 있고, 이 고양이들은 교배된 고양이에 따라 귀 모양이나 배의 털 색깔도 각기 다르다.

크립토키티 게임 유저들은 고양이를 사서 수집하고 서로 다른 종을 교배해 얻은 새로운 고양이를 사고팔기 시작했다. 눈 및 털의 색상, 꼬리나 입 모양 등 256비트의 유전 코드가 섞여 새끼 고양이가 만들어지는데 각각 몇 가지 속성을 무작위적으로 지닌다. 지금까지 나타난 유전 코드로는 초콜릿, 크레이지, 얼음, 수염, 풍선껌 등 115가지 이상의 속성이 생성되었다.

사실 자신만의 동물을 육성하는 게임은 고전적인 게임 중 하나인 다마고치부터 시작되어 오래되고 매우 친숙하다. 큰 인기를 끌었던 포켓몬고나 유희왕 게임

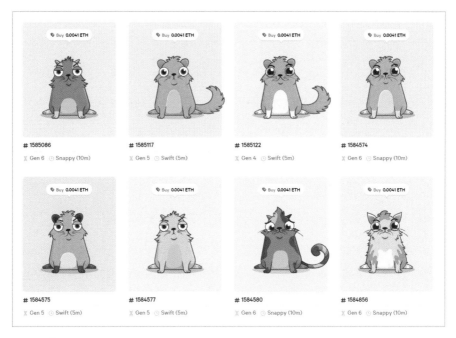

[그림 4-3] 각 매력도에 따른 크립토키티의 가격

출처: 크립토키티 홈페이지

처럼 서로 다른 카드나 캐릭터를 수집하는 게임도 인기가 많다. 포켓몬고 유저들은 더 강력하고 독창적인 포켓몬을 수집하기 위해 특정 캐릭터가 등장한다고 알려진 지역을 방문하거나 거리를 활보하며 체육관을 찾아다녔다.

[그림 4-3]과 같이 크립토키티에 나오는 고양이들의 생김새는 제각각 다르다. 고양이의 옷차림과 털 색깔, 헤어 스타일, 표정이 제각각이어서 보는 재미뿐 아니라 수집 욕구도 든다. 크립토키티의 구매자 중 일부는 크립토키티를 몇십 개씩 구입해서 수집하기도 했다. 이런 수집욕은 가격 상승의 주요 요인 중 하나였을 것으로 분석된다.

크립토키티는 번식이 가능하고, 수집 가능하며, 사랑스러운 동물을 기반으로 하고 있다. 바로 이 점이 크립토키티의 출시 목적이 드러나는 부분이기도 한데

'번식이 가능'하기 때문에 여러 캐릭터로 계속 재생성되어 출시될 뿐 아니라 앞으로도 더 많은 캐릭터가 출시될 수도 있다. 동시에 여러 고양이를 수집할 수 있으므로 1개의 크립토키티만 보유하는 것이 아니라, 계속 교배해 여러 캐릭터를 수집하고 동시에 구매할 수 있다는 가능성을 열어두었다. 게다가 이 게임은 사랑스럽고 친숙한 동물인 '고양이'를 중심으로 한 게임인 만큼 실제 동물과의 확장된 개념과도 일부 연계되어 있다. 고양이를 좋아하는 사람이라면 크립토키티에 관심을 가질 가능성이 높을 수 있다. 즉, 앞으로는 고양이뿐 아니라 다른 동물을 선택하거나, 그 동물이 진화할 수도 있다는 가능성을 열어두었다.

크립토키티 NFT 발행 이후에 디지털상에서 아바타, 동물 육성 콘텐츠 등에 대한 희소성이 재평가되었고 비슷한 게임 등에서도 소유권이 새로운 자산 수단으로 인정되었다. 크립토키티는 과거의 수집 게임에서 한 단계 더 발전해 교배를 바탕으로 새로운 온라인 동물을 스스로 만들어내고 이들의 시장적 가치를 매기게끔 발전하고 있다. 게다가 최근에는 크립토키티와 비슷한 방식의 게임으로 다른 종류의 온라인 동물을 수집하는 게임이 점점 늘어나고 있다. 트론독스(Trondogs & Love Pet) 게임은 게임 아이템을 트론이라는 암호화폐로 거래할 수 있다.

크립토키티의 인기를 본 데빈 핀저(Devin Finzer)와 알렉스 아탈라(Alex Atallah)는 NFT 게임의 생태계와 거래 방식에 관심을 보였다. 이들은 크립토키티가 상업성이 있는 캐릭터라고 판단했고 이를 바탕으로 개인 간 NFT를 거래할 수 있는 마켓플레이스인 오픈시(Opensea)를 창업했다. 이 작은 캐릭터인 크립토키티 고양이를 번식시키고 거래하는 프로그래밍 방식에서 출발한 것이 오픈시 마켓의 출발점이 된 셈이다. 크립토키티의 상업적 성공에 힘입어 NFT 시장은 놀랄 만한 성공을 거두었으며 오픈시 마켓플레이스 역시 성공을 거두었다.

마이클 조던도 만든 NFT 🔍

미국 프로농구(NBA)의 전설 마이클 조던(Michael Jordan) 역시 자신의 NFT를 출시했다. 그가 출시한 NFT는 1990년대 시카고 불스(Chicago Bulls) 소속으로 활동하던 당시 6번째로 우승했던 자신의 활약상을 담은 것이다. 마이클 조던과 그의 아들 제프리 조던은 자신들이 주도하는 솔라나(SOL) 기반 팬 참여 웹3 플랫폼 에어(HEIR) 출시를 앞두고 이용자들의 관심을 끌기 위해 이 NFT를 출시했다. 마이클 조던의 NFT는 총 1만 10개가 발행되었고, 개당 2SOL에 판매되었다. 마이클 조던 NFT를 보유한 사람은 에어 플랫폼에서 마이클 조던과 소통할 기회가 주어진다. 에어는 출시 전 이미 1,000만 달러의 초기 투자를 확보했다고 밝혔다.

또한 NFT 커뮤니티이자 거래 플랫폼인 NFT 스타 역시 축구선수 손흥민의 NFT 컬렉션을 판매했다. NFT 스타는 손흥민의 NFT 컬렉션인 〈메타 손흥민〉 NFT를 자사 홈페이지와 오픈시에서 판매했는데 이 NFT는 총 1만 800개가 발행되었고, NFT 안에는 손흥민 특유의 '찰칵 세리머니 제스처'를 재해석한 팝아트가 담겼다. 이 NFT는 사전에 특정 자격을 부여받은 사람들을 대상으로 진행되었으며, 개당 0.09ETH에 판매되었다.

NFT스타는 〈메타 손흥민〉 NFT 컬렉션 구매자에게 온라인 팬미팅 진행 시 우선순위로 참여할 수 있는 기회를 제공하겠다고 밝혔고, 손흥민 선수가 직접 사인한 유니폼을 제공하는 등 다양한 온라인 및 오프라인 혜택도 추가 제공하겠다고 밝혔다. 또한 NFT 스타는 이후 네이마르 실바 주니오르(Neymar da Silva Santos Junior)와 루이스 피구(Luis Figo) 등 다양한 스포츠 스타의 NFT를 제작할 것이라고 밝혔다. 이처럼 다양한 스포츠 스타의 특정 제품과 이벤트를 포함한 NFT는 앞으로도 계속 생성되고 발전될 것이다.

[그림 4-4] 손흥민 선수의 〈메타 손흥민〉 NFT
이벤트 페이지

출처: NFT 스타

국내외 스타들의 NFT

세계적 팝스타 마돈나(Madonna) 역시 자신을 본떠 만든 3D 아바타를 주인공으로 내세운 영상 시리즈를 NFT로 선보였다. 마돈나는 NFT 아티스트 비플과 함께 1분짜리 영상 3편으로 구성된 NFT 컬렉션 〈창조의 어머니(마더 오브 크리에이션, Mother of Creation)〉를 선보였다. 이 NFT 경매는 슈퍼레어(SuperRare) 마켓플레이스에서 진행되었고, 경매 시작 2시간 만에 최고 입찰가가 3만 2,000달러(약 4,100만 원)까지 올라가기도 했다. 특히 슈퍼레어 마켓플레이스는 단일 에디션만 판매하기에 그 가치가 더 치솟았다. 마돈나는 NFT로 얻은 경매 수익금을 우크라이나 여성과 어린이를 위한 자선 단체와 콩고민주공화국 여성 지원 단체에 전달할 계획임을 밝혔다. 이로 인해 마돈나는 여전히 세계적인 팝스타임을 드러내는 동시에 NFT 예술가로서의 방향성 역시 성공적으로 재설정했다.

국내에서도 가수와 아이돌 등 연예인들을 중심으로 한 NFT가 활성화되고 있

다. 특히 가수 선미를 모티프로 한 NFT 〈선미야클럽〉은 오픈하자마자 순식간에 전량 판매됐다. 〈선미야클럽〉 NFT는 지식재산권(IP, Intellectual Property)을 활용해 제작된 클레이튼 기반(카카오에서 개발한 코인)의 프로필 픽처 NFT 프로젝트다. 이 뿐만 아니라 하이브와 두나무가 합작한 플랫폼에서도 하이브 소속 아티스트의 NFT를 선보일 예정이다. 큐브엔터테인먼트 역시 세계 최대 블록체인 게임사 애니모카브랜드(Animoca Brands Corporation)와 함께 설립한 애니큐브 엔터테인먼트를 통해 NFT를 발행했다.

이처럼 엔터테인먼트들의 NFT 사업이 꾸준히 확장되는 가운데 앞으로는 팬들이 직접 만든 NFT를 소장하고, 이를 앨범에 반영하는 등 적극적인 팬서비스로 활용할 수 있다. 이는 팬덤 충성도를 높일 것으로도 예상된다. 연예인 NFT의 폭발적인 반응을 확인한 국내 엔터테인먼트사도 합작법인을 설립하는 등 인프라 마련에 집중하는 동시에 예술가의 지식재산권을 활용해 본격적인 NFT 사업에 나서고 있다.

이외에도 해외 기업 중에서는 디즈니와 나이키처럼 자체 스토리로 강점이 있는 기업 역시 NFT 사업에 적극적으로 뛰어들고 있다. 디즈니는 〈겨울왕국〉, 〈심슨〉 등의 캐릭터를 바탕으로 한 NFT를 판매하고 있다. 디즈니도 디지털 의복을 NFT로 만들어 하나밖에 없는 나만의 옷을 선보이기도 했다.

국내에서 주목할 만한 NFT

미술품 원본은 유일무이하다. 판화 작품이나 청동 작품, 사진 작품에도 순서를 매겨 원본을 인정하는 만큼 복제가 불가능한 NFT의 장점과 맞물려 예술 분야의 NFT는 큰 시너지 효과를 내고 있는 동시에 미술시장의 판도를 바꿨다는 점에서도 주목받고 있다. 기존 미술시장이 소수의 전유물이었다면, NFT 예술품은 저렴한 비용으로도 작품을 손쉽게 구매할 수 있어 MZ세대의 적극적인 참여와 미술 컬렉션 대중화를 이끌어내고 있다는 평가를 받는다. 실물 미술시장과 달리 NFT 아트는 신진 작가, 일반인도 얼마든지 거래 플랫폼에 자신의 NFT를 등록하고 판매할 수 있고 또 누구나 이를 구매할 수 있다.

또한 NFT 아트는 투자 방식으로서도 새로운 가능성을 제시하고 있다. 기존 NFT 시장에서 활용하던 증명서가 단순 소유와 증명에 초점을 맞췄다면, NFT 아트는 가치에 따라 가격이 책정되고 거래도 가능해서 재테크 수단이 될 수 있다. 이에 미국 가상화폐 데이터 분석기관인 메사리(Messari)는 향후 10년간 NFT 아트 시장 규모가 100배 이상 성장할 것으로 내다봤다.

NFT 아트는 실물로 존재하는 게 아니라 미술 작품의 증명서(토큰)로 기능하기 때문에 증명서를 나눠 갖는 방식으로 공동 구매, 즉 조각 투자가 가능하다. 고가의 작품이거나 구매 수요가 많은 작품의 경우, 구역을 잘게 쪼갠 모서리 하나만

[그림 4-6] 한국에서 가장 높은 가격(약 6억 원)에 판매된
마리 킴(Mari Kim)의 NFT아트 작품
〈미싱 앤드 파운드(Missing and Found)〉

출처: 피카프로젝트

구매하는 방식으로 작품을 소유할 수 있다. NFT 아트 중에서도 조각 투자가 가능한 상품의 거래가 활발하고, 가격대도 저렴하다. 다만 분할 거래가 활발할수록 해당 NFT 아트의 가격대는 천차만별로 변화할 수 있다.

카카오의 그라운드X와 NFT 🔍

카카오의 블록체인 기술 자회사인 그라운드X 역시 NFT를 통해 디지털 자산화 사업을 실물경제까지 확장할 계획임을 밝혔다. 이들은 디지털로 발행되거나 유통되는 모든 것이 모두 디지털 자산에 포함된다고 보았는데 그중에서도 NFT는 블록체인 기술의 특성을 활용해 디지털 자산의 소유권을 증명하고 이전이 가능하다는 장점에 주목했다. 즉, 어떤 형태의 디지털 파일도 디지털 자산화가 가능하다고 보았다.

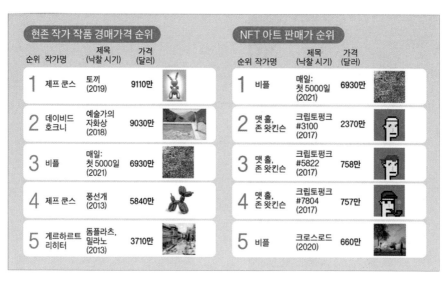

[그림 4-7] 현존하는 작가 경매가격 및 NFT 아트 판매가 순위

출처: 중앙일보

그라운드X는 제3자가 디지털 자산을 손쉽게 만들 수 있는 카스(KAS, Klaytn API Service)라는 프로그램을 제공한다. 카스는 개발자 및 서비스 기업이 그라운드X의 블록체인 플랫폼인 클레이튼을 활용해 블록체인 서비스를 제공할 수 있도록 다양한 기능을 애플리케이션 프로그래밍 인터페이스(API) 형태로 제공하는 서비스다. 또한 카카오톡 내 디지털 자산 지갑인 클립 역시 멀티체인 지갑으로 변경한다는 계획도 발표했다. 이는 클레이와 같은 암호화폐뿐 아니라 이더리움 기반의 토큰을 모두 보관하고 전송이 가능한 멀티월렛으로의 진화를 고려한 것이다.

그라운드X는 클립에서 한정판 디지털 작품을 전시하고 유통하는 클립 드롭스(Klip Drops)를 통해 개인이 디지털 아트를 사고팔고, 다양한 NFT를 수집할 수 있는 마켓플레이스를 출시하며 국내 NFT 시장을 선도하려는 의지를 보이고 있다. 클립 드롭스에 대한 설명은 뒤에서 더 자세하게 다뤄볼 예정이다.

기업이 만드는 NFT 🔍

국내 기업들도 NFT를 발행한다. SK텔레콤은 가상자산거래소 코빗과 협력해 갤럭시S22의 사전 예약자를 대상으로 한 NFT를 발행했다. LG유플러스 역시 자사의 대표 캐릭터를 활용한 NFT를 발행할 계획을 밝혔다. 현대건설 역시 국내 건설사 최초로 국내 NFT 프로젝트에 참여했다. 현대건설은 샌드박스 네트워크와 NFT 메타버스 업무협약(MOU)을 체결한 뒤, 창립 75주년을 기념하는 NFT를 발행한다고 밝혔다. 현대건설은 이보다 앞서 NFT 커뮤니티 등에 소개하기 위한 메타 토이 드래곤즈 프로필 사진형 NFT(Profile Picture NFT)를 제작한다고 발표한 적이 있다.

샌드박스 네트워크는 다양한 크리에이터와 온라인 콘텐츠를 지원하는 MCN (Multi Channel Network, 다중채널네트워크) 기업으로, 지적재산권 등에 블록체인 기술을 접목해 NFT를 선보이는 기업이다. 이런 추세를 보았을 때 앞으로도 다양한 기업들이 새로운 NFT를 계속 발행할 것으로 예상해볼 수 있다.

NFT의 핵심 기술은
무엇인가

day
5

NFT의 두 가지 축, 이더리움과 NFT 🔍

　블록체인의 핵심 기술이 NFT와 어떻게 연관되어 있는지 조금 더 구체적으로 살펴보자. 이제 「비트코인: 개인 대 개인의 전자화폐 시스템」이라는 논문을 발표한 사토시 나카모토의 제안으로 출발한 비트코인의 1세대 역사를 살펴본 다음, 비탈릭 부테린에 의해 창시된 2세대 블록체인 기술인 이더리움을 바탕으로 블록체인을 살펴보려 한다.

　블록체인은 데이터를 거래할 때 중앙집중형 서버에 기록을 보관하는 기존 방식과 달리 참여자 모두 일정한 조건을 갖춘 노드에 내용을 공유하는 분산형 디지털 장부를 말한다. 즉, 블록체인은 거래 정보를 기록한 원장을 특정 기관의 중앙 서버가 아닌 개인 간 거래인 P2P 네트워크에 분산해 각 참가자가 공동으로 기록하고 관리하는 기술이다. 블록체인 기술기반의 탈중앙화 시스템을 통해 거래의

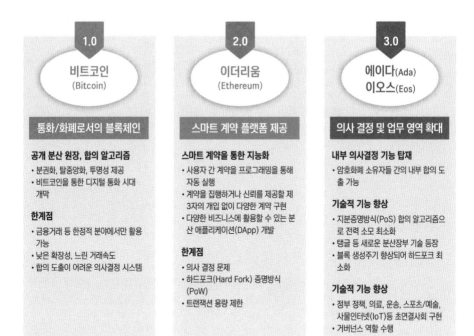

1.0

비트코인
(Bitcoin)

통화/화폐로서의 블록체인

공개 분산 원장, 합의 알고리즘
• 분권화, 탈중앙화, 투명성 제공
• 비트코인을 통한 디지털 통화 시대 개막

한계점
• 금융거래 등 한정적 분야에서만 활용 가능
• 낮은 확장성, 느린 거래속도
• 합의 도출이 어려운 의사결정 시스템

2.0

이더리움
(Ethereum)

스마트 계약 플랫폼 제공

스마트 계약을 통한 지능화
• 사용자 간 계약을 프로그래밍을 통해 자동 실행
• 계약을 집행하거나 신뢰를 제공할 제 3자의 개입 없이 다양한 계약 구현
• 다양한 비즈니스에 활용할 수 있는 분산 애플리케이션(DApp) 개발

한계점
• 의사 결정 문제
• 하드포크(Hard Fork) 증명방식 (PoW)
• 트랜잭션 용량 제한

3.0

에이다(Ada)
이오스(Eos)

의사 결정 및 업무 영역 확대

내부 의사결정 기능 탑재
• 암호화폐 소유자들 간의 내부 합의 도출 가능

기술적 기능 향상
• 지분증명방식(PoS) 합의 알고리즘으로 전력 소모 최소화
• 탱글 등 새로운 분산장부 기술 등장
• 블록 생성주기 향상되어 하드포크 최소화

기술적 기능 향상
• 정부 정책, 의료, 운송, 스포츠/예술, 사물인터넷(IoT)등 초연결사회 구현
• 거버넌스 역할 수행

[그림 5-1] 블록체인의 진화   출처: 한국예탁결제원

신뢰성과 투명성을 확보하는 것이 목적이 되는 등 블록체인 기반 기술이 중요해지다는 전제가 필요한 것이다.

블록체인과학연구소를 설립한 멜라니 스완(Melanie Swan)은 블록체인이 3단계의 진화과정을 거치면서 패러다임 또한 연계되어 발전하고 있다고 보았다. 스완에 의하면 블록체인은 비트코인으로 대표되는 1.0 버전을 거쳐 스마트 컨트랙트를 중심으로 한 2.0 시대인 이더리움, 사회 전반에 기술 적용으로 확산되는 3.0 에이다, 이오스의 단계를 거친다.

❶ 블록체인 1.0

통화 화폐 블록체인인 비트코인이 대표적이다. 가상자산을 중심으로 디지털 경제에 활용되는 단계다.

❷ 블록체인 2.0

스마트 컨트랙트 플랫폼을 제공하는 이더리움이 대표적이다. 스마트 컨트랙트를 중
심으로 금융과 경제 산업 전반에 대한 시스템, 서비스 혁신, 거래나 계약 등의 자동화
및 탈중앙화, 다양한 비즈니스 영역으로 확대되는 단계다.

❸ 블록체인 3.0

의사결정 및 업무 영역이 확대되는 에이다, 이오스가 대표적이다. 사회 전반에 기술
이 적용되는 상황으로 블록체인이 일상생활 등에 자연스럽게 적용되어 사회에 변화
를 주는 단계다.

블록체인은 금융 분야를 중심으로 다양한 영역에서 기술적으로 활용되고 있
다. 가상자산을 중심으로 토큰 이코노미(Token Economy) 생태계가 구축되면 다양
한 비즈니스 모델을 바탕으로 한 새로운 디지털 경제가 등장할 것이다. 따라서 참
여 제한이 없는 퍼블릭 블록체인을 중심으로 블록체인이 추구하는 가치, 즉 네트
워크의 참여와 기대에 대한 보상(인센티브 등)으로 토큰 발행을 고려하는 곳들이
있다. 동시에 기여와 보상의 차원에서 발행된 토큰에 경제적 가치를 부여하고, 토
큰을 실물경제의 재화로서 인정받도록 하기 위한 연구가 활발히 진행되고 있다.

그렇지만 실물경제를 중시하는 사람들은 가상자산에 대한 거부감이 여전히
있고 자산 변동성이 크다는 점은 여전히 장애요인으로 남아 있다. 블록체인 네트
워크 기반으로 정부와 공공 및 민간이 제공하는 서비스가 연계되어 각 서비스를
통해 생성된 데이터가 유통되어 데이터 제공자(소비자 등)에게 보상(토큰 발행)이
주어지는 건전한 토큰 이코노미 생태계 구축이 필요하다.

NFT를 위한 다오의 생태계 분석 🔍

최근 다오가 민주주의 및 커뮤니티 형성의 역동성을 담고 있어 매력적인 주제로 부상하고 있다. 다오가 무엇인지 살피는 동시에 컨스티튜션 다오와 같은 특정 다오의 등장을 살피며 발전 방향도 살펴보자.

다오는 탈중앙화 자율 조직(Decentralized Autonomous Organization)의 약자로, 좀 더 간단하게는 특정 NFT 투자자 개인들의 모임으로 이해해도 된다. 최근 블록체인 생태계에서는 다오를 블록체인의 제2의 물결로 바라봐야 한다는 의견이 제시되고 있다. 다오는 조직의 미래를 위해 어떤 조직, 단체가 결정을 내리고 투표하는 사람들의 커뮤니티인데 기본적으로 다오를 구성하는 이들은 조직이라기보다는 각 구성원들에 의해 스스로 관리되는 자율적이고 분산된 개인이다. 따라서 현재 우후죽순 등장하고 있는 다양한 NFT 프로젝트 역시 다오의 일부분이다. 다오가 최근 언론에서 크게 주목받았던 데에는 간송문화재단의 국보 매매와 관련이 있다. 2022년 1월, 간송문화재단의 국보 한 점이 경매에 출품된다는 사실이 전해졌다. 얼마 지나지 않아 그라운드X를 바탕으로 한 가상자산 투자자들이 '국보 다오'라는 이름으로 모임을 꾸려 클레이(KLAY) 코인을 통해 국보를 구매하기 위한 모금을 추진했지만, 초기에는 목표액 50억 원에서 절반 조금 넘는 액수에 그쳐 최종 응찰에 실패했다. 당시에는 다오의 지위와 활동에 대한 법적인 근거가 충분하지 않아 투자자들의 관심을 끌기에는 역부족이었다는 평가가 나왔다.

그러나 얼마 지나지 않아 '헤리티지 다오'라는 외국 가상자산 투자자 모임이 문화재청에 관련 국보의 소유자 변경 신고서를 냈고 뒤이어 문화재청이 소유자 명의를 바꿨다는 사실을 보도하며 화제가 되었다. 간송미술문화재단 역시 헤리티지 다오가 국보인 불감을 재단에 영구 기탁하고, 소유권의 51% 지분을 기부하기로 했다고 공식 발표했다. 이처럼 헤리티지 다오라는 익명의 그룹이 국보를 구매하며 화제가 되었다.

다오를 왜 알아야 할까

블록체인 세계의 여러 시도 중 다오가 블록체인의 다음 단계라고 보는 이유는 무엇 때문일까? 사실 다오는 암호화폐 이전에 존재했던 문제를 꾸준하게 해결해 왔다. 다오는 다음의 4가지 내용을 중심으로 진행되는 꽤 안정적인 생태계다.

❶ 의사결정을 할 때 다오와 같은 소규모 그룹이 결정을 내리기 더 쉽다.
❷ 투명한 투표 시스템을 가지고 있다.
❸ 개별 참가자에게 권한이 부여될 수 있다.
❹ 윤리적이고 공정한 제3자에 대한 신뢰가 필요하다.

다오는 누구의 통제도 받지 않을 뿐 아니라, 별도의 신뢰가 필요 없는 조직이 기 때문에 모든 사람에게 권한이 주어지는 동시에 기존의 접근 방식을 거부한다. 다오는 어떤 산업과도 연결 가능한 조직이어서 무한한 잠재력을 지니고 있고, 기업과 개별 커뮤니티뿐 아니라 정부도 사용할 수 있을 만큼 확장성이 높다. 다오의 혁신적인 기술은 혁명 시퀀스(Sequence, 학습을 통해 순차적으로 발달하는 과정)를 이룩할 수 있다. 혁신적인 기술이 새로운 방식을 또다시 구축하는 과정을 혁명 시퀀스라 하는데, 이 경우 비트코인과 이더리움은 인터넷과 암호로 구축되었고, 이더리움 위에 NFT가 다시 구축되는 과정 전반을 혁명 시퀀스라고 볼 수 있다.

게다가 다오와 NFT가 결합하면 새로운 패러다임을 제시할 수 있다. 예전에도 다오는 특정 프로젝트에 자금을 지원하거나 프로토콜의 미래에 대한 결정을 내리기 위해 집합적으로 뭉치는 조직이라는 개념으로 존재했지만 NFT와 만나게 되며 활동 영역이 크게 확장되었다. 특히 플리저 다오(PleasrDAO, pleasr.org)가 아티스트 플리저(ppleasr)의 애니메이션에 100만 달러를 투자하면서 유명해졌다. 플리저 다오는 〈도지(Doge) NFT〉도 소유하고 있었다. 그런데 2021년 6월 온라인 경매사이트에서 〈도지 NFT〉가 1,696ETH(약 400만 달러)에 낙찰되었고, 다오는 이 NFT를 지원하는 'ERC-20 토큰'을 만들기로 결정했다. 이 NFT는 그 후 분할 되어 도지코인(DogeCoin)으로 바뀌었다. 이 토큰은 현재 암호화폐 시장에서 10위 전후에 위치해 있다. 이처럼 플리저 다오가 유명해지면서 다오에 대한 관심이 집 중되었는데 그 이후로도 다오는 예술작품을 수집하고 자금을 지원하는 과정을 이어왔다.

다오와 NFT

다오는 점점 더 커지는 조직을 관리하기 위해 추가 인프라와 도구가 필요했 다. 이때 NFT는 신원증명의 한 형태로 사용될 수 있었다. NFT를 신원증명의 용 도로 사용하게 되면 NFT만으로도 개인정보가 남기 때문이다. 즉, 다오에서 NFT 는 등기부등본과 같은 개념으로 사용할 수 있다. 비록 다오가 탈중앙화된 조직 이지만 이 조직에 들어가기 위해서는 기준이 있어야 했고, 이때 고객 확인 절차 (KYC, Know Your Customer)를 NFT로 진행했으므로 개별 가상화폐 지갑이 그 사람 을 증명하는 기준이 되었다. NFT는 개인의 신원을 증명하는 형태로 적합한 디지 털 증명서라는 점 때문에 암호화폐와 어우러져 사용할 수 있는 도구가 되었다.

그렇다면 NFT와 다오가 결합하면 어떤 결과를 만들어낼 수 있을까? 다오는 NFT 프로젝트와 아티스트의 작업 방식을 근본적으로 바꿀 수 있다. 대부분의 NFT 프로젝트는 이미 존재하는 미디어 회사 또는 자체 자금을 지원하는 아티스 트에서 시작한다. 이렇게 기존 조직에서 지원되는 예술가에 대한 사업은 NFT가

중앙집중화될 수 있는 상황도 발생한다. 이는 NFT의 기본 특성인 '탈중앙화'에 반한다.

사실 NFT의 미래를 통제할 권한은 창작자에게 있어야 한다. 따라서 자율적인 조직을 위해 다오가 탄생했는데 그 생명력을 계속 유지하려면 자율성이 핵심이다. 이때 다오는 투자자와 창작자에게 커뮤니티에서 목소리를 내고 NFT의 방향을 통제할 수 있는 권한을 부여한다. NFT의 미래를 결정하는 권한이 더 많은 사람들의 손에 있을 때 가능성은 확대된다.

이를 잘 보여주는 것이 루트(Loot) 프로젝트다. 이 프로젝트는 무작위 보상을 주는 시스템을 선택했다. 랜덤 박스와 비슷한 개념의 방식을 차용한 돔 호프만은 아이템 백(Item Bag) 8,000개를 〈루트 NFT〉로 발행했는데 NFT는 텍스트로만 구성되어 있어 이용자 스스로가 공백을 채워나가야 했다. 스스로 목소리를 내게 하는 루트는 크게 성공했고, 현재 시가총액만도 1억 6,000만 달러 이상이다.

루트 프로젝트를 성공시킨 다오는 이제 소셜 네트워크로 이동하고 있다. 다양한 소셜미디어가 자본주의의 영향 아래 있고, 의외로 민주적이지 못하다는 평가를 받는 와중에 다오는 의미 있는 상호 작용, 데이터 소유권 및 경제적 권한 부여를 허용하는 분산형 소셜 플랫폼을 구축하고자 하는 기획에서 시작했다. 기존의 중앙 집중식 소셜 네트워크는 점차 여러 문제를 드러냈다. 페이스북이 선거의 결과를 바꿀 수도 있다는 것을 이미 여러 차례 목격했고, 트위터가 일부 사용자의 활동을 중단하게 하는 등 중앙집중화된 소셜 네트워크는 언제든 강제성을 띨 수 있다. 따라서 많은 사람이 참여하고 무제한 소셜 네트워크 경험을 가능하게 하는 탈중앙화된 프로토콜을 필요로 했다.

이론적으로 블록체인은 다양한 소셜 네트워크를 더 나은 방향으로 변화시킬 수 있다. 최근에도 실험적인 솔루션이 진행되고 있는데 그중 모나코(Monaco)는 탈중앙화된 소셜 네트워크를 실험하고 있는 탈중앙화 애플리케이션이다. 트위터와 비슷한 방식이지만 애플리케이션을 사용하려면 사용자가 해당 프로젝트의 NFT를 소유해야 한다.

그 외 다오 중심의 소셜 애플리케이션으로는 FWB(Friends With Benefits)가 대표적인데, FWB에 참여하려면 구성원이 검토할 서면 신청서와 ERC-20 토큰이 필요하다. 우선 회원 신청서를 작성하고, 둘째 디스코드 서버에 가입하고, 셋째 75FWB를 구매해 글로벌 회원이 되거나 5FWB 토큰을 구매해 지역 회원이 되어야 한다. 이렇게 모인 자금은 예술가를 후원하는 데 쓰인다. 실제로 이 다오의 중심인물인 DJ 알렉스 장(Alex Zhang)은 전 세계 대도시에서 행사 참여비를 1인당 8,000달러(약 1,000만 원)씩 받아, 이를 후원 아티스트들에게 FWB 토큰으로 지급했다.

또 다른 커뮤니티로는 엔에프티고 파이어니어(NFTGO Pioneer)도 있다. NFT를 기반으로 만들어진 이 커뮤니티는 중앙 집권적 의사결정이라는 오래되고 느린 모델을 탈중앙화 커뮤니티로 만드는 것이 목표인 동시에 예술가가 NFT에 좀 더 쉽게 진입할 수 있도록 돕는다. 이렇게 여러 가지 다오 생태계가 새로운 비즈니스 모델로서 등장하면서 새로운 아티스트와 재능 있는 인재들이 NFT 시장에 진입하고 있다.

NFT를 위한 요건, 이더리움(ERC-20)과 NFT(ERC-721) 🔍

이더리움의 ERC-20 기술을 바탕으로 하는 블록체인 2.0은 스마트 컨트랙트를 만들었다. 앞에서도 설명했듯, 스마트 컨트랙트는 프로그래밍을 통해 계약을 자동으로 집행할 수 있을 뿐 아니라, 제3자의 개입에서 벗어나 자유롭고 다양한 계약을 구현하고자 했다. 따라서 이를 바탕으로 비즈니스 영역에서 활용 가능한 분산 애플리케이션 개발도 활발하게 이뤄지고 있다.

그런데 이런 NFT를 제작할 때 ERC 프로토콜을 사용하는 이유는 무엇일까? 이더리움은 자체 블록체인을 기반으로 하는 탈중앙화된 애플리케이션들이 작동할 수 있게 고안된 하나의 플랫폼 네트워크로, 이더리움 블록체인에서는 이더(ETH)가 사용되고, 이더리움 블록체인에서는 각 솔루션에 맞는 토큰을 발행한다. NFT에서는 ERC-721, ERC-1155와 같은 토큰으로 발전하는데, NFT 발행 시 사용되는 이더리움 네트워크인 ERC는 이더리움의 요구 사항을 위한 표준으로, 가상자산을 발행할 때 지켜야 하는 규칙이다.

다음은 NFT 거래를 할 때 쓰는 스마트 계약 유형 3가지이다. 가상화폐 관련 스마트 컨트랙트에는 ❶ ERC-721, ❷ ERC-20, ❸ ERC-1155를 사용하는데 각 내용은 다음과 같다.

❶ ERC-721은 이더리움 블록체인의 토큰 표준으로 대체 불가능한 특징을 가지고 있으므로 토큰 모두 개별적인 가치를 지닌다. 따라서 NFT를 대표하는 블록체인 기술이라 말할 수 있다.

❷ ERC-20은 2017년에 가장 많이 쓰이던 NFT의 표준안 증서로, 대체 가능한 암호화폐를 지원한다. 어떤 토큰이든 동일한 가치로 거래할 수 있기 때문에 분할 및 상호교환이 원활하다는 장점이 있다. ERC-721과 ERC-20 표준의 가장 큰 차이점은 '시장에서 발생하는 가치에 대한 편차'다. ERC-721는 각각의 서로 다른 고유한 토큰 아이템을 발행한다. 그렇기 때문에 비슷한 제품이더라도 시장에서 높은 가치로 평가받는 제품이 있기도 하지만 한편으로는 전혀 팔리지 않는 제품도 발생하게 된다. 반면 ERC-20은 어떤 토큰이든 같은 가치를 부여받는다.

❸ ERC-1155는 대체 가능한 ERC-20 토큰 아이템과 대체 불가능한 ERC-721 토큰 아이템 사이의 혼합 거래가 가능하도록 지원한다.

가상자산 시대의 미래 🔍

가상자산 시장의 최대 화두는 웹 3.0 강화와 이에 따른 NFT, 탈중앙화 금융 (De-Fi, 디파이) 시장의 성장이었다. 게다가 최근 데이터 분석기업 메사리와 국내 암호화폐 거래소인 코빗이 공동 파트너십을 맺는 등 가상자산 업계에 새로운 흐름이 이어지고 있다. 현재 가상자산 시장의 발전 양상은 다음과 같다.

❶ 비트코인 성장세 지속 및 대표 코인으로서의 지위 유지
❷ 웹 3.0 트렌드 강화에 따른 NFT와 디파이 등 새로운 사업의 성장 가속화
❸ 가상자산 시장 세분화에 따른 크립토펀드 자금 유입 증가

메사리는 앞으로도 비트코인 가격이 우상향할 것으로 예측했고, 여전히 시가총액 2위인 이더리움이 비트코인을 누를 것 같지 않다고 보았다. 서로 다른 성격 때문에 둘을 비교하는 것이 의미가 없다고 보았다. 또한 비트코인의 시장 점유율이 72%에서 42%까지 하락했지만 스마트 컨트랙트 기능을 제공하는 블록체인 플랫폼 등 중 이더리움이 차지하는 비중도 80%에서 60%로 하락했다는 점에도 주목했다.

웹 3.0(Web 3.0) 트렌드는 가상자산 업계에 어떤 영향을 미칠까? 웹 3.0은 앞으로 더욱 일반화되면서 가상자산 업계에 긍정적으로 작용할 것이다. 웹 1.0 시대에는 콘텐츠 제공자가 정보를 제공하고 사용자는 이를 소비할 수만 있었다. 당시 등장한 넷스케이프를 통해 사람들을 연결시킨 방식을 떠올리면 된다. 웹 1.0의 기본적인 개념은 디렉터리 검색에 그쳤다. 1990년대 후반 야후가 체계적인 카테고리 분류로 인기를 끌었다가 2000년대 들어와 쇠퇴했던 상황을 떠올리면 된다.

이어진 웹 2.0 시대에는 사업체가 플랫폼을 만들고 여기에 사용자가 참여해

콘텐츠를 생산하면, 사업체는 이를 사용해 광고나 수수료 수익을 얻는 구조로 바뀌어갔다. 웹 2.0 시대는 페이스북을 통해 사람들을 온라인 커뮤니티에 연결시킨 방식을 떠올리면 된다.

웹 3.0 시대에는 시맨틱(Semantic, 컴퓨터 스스로 정보를 추론하는 방법) 기술을 이용해 웹페이지에 담긴 내용을 이해하고 개인 맞춤형 정보를 제공할 수 있는 지능형 웹도 가능할 것이다. 이는 지능화, 개인화된 맞춤형 웹이다. 이처럼 웹 3.0은 월드와이드웹이 앞으로 어떻게 될 것인지를 서술할 때 주로 사용되는 용어다.

NFT 이해를 돕는
커뮤니티와 사이트

오픈시(사이트 opensea.io)는 현재 가장 활발한 NFT 거래가 이뤄지는 마켓플레이스다. 오픈시는 2021년 8월 22일 거래액 12억 3,000만 달러를 돌파하며 NFT 거래 역사상 최초로 10억 달러를 돌파한 것으로 조사됐다. 국내에서도 NFT의 안정적인 거래에 대한 연구가 시작되어 NFT 전문거래소인 엔에프팅(NFTing)이 설립되었고, 그라운드X(클립 드롭스), 업비트, 코인플러그 등을 중심으로 NFT 거래를 위한 플랫폼을 개발하고 관련 서비스를 제공하기 시작했다. 사전 정보 없이 대표 마켓플레이스인 오픈시에서 다양한 NFT 작품들을 둘러보다 보면 이 작품들을 어떻게 이해해야 하는지, 어떤 NFT를 보아야 하는지 어려울 수 있다. 이때 커뮤니티를 둘러보는 것이 NFT 이해에 도움이 될 수 있다. 본격적으로 NFT를 사고팔기 전에 우선 NFT 마켓플레이스와 커뮤니티를 둘러보도록 하자.

1. 오픈시 마켓플레이스

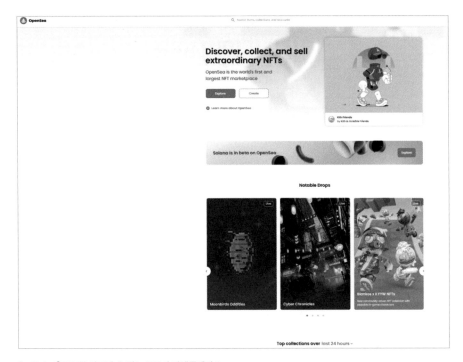

[그림 6-1] NFT를 사고팔 수 있는 오픈시 마켓플레이스　　　　　　　출처: 오픈시 홈페이지

NFT를 사고파는 대표 마켓플레이스로 사이트에 접속하면 위와 같은 화면을 만날 수 있다. 오른쪽 상단에서 상태(Stat) 버튼을 누른 다음, 랭킹(Ranking) 순위를 살펴보자. 기간은 24시간부터 전체(All)까지 선택할 수 있는데, [그림 6-2]와 같이 지난 7일 동안 인기 컬렉션만을 따로 순위대로 나열할 수도 있다. 화면에서 보이는 그림 순위는 7위까지만 나와 있다. 오픈시 화면 하단으로 내려가면 아래 순위 작품도 볼 수 있다. 이를 통해 구매하고자 하는 작품의 순위를 알 수 있고, 현

OpenSea   Search items, collections, and accounts   Explore

Top NFTs

The top NFTs on OpenSea, ranked by volume, floor price and other statistics.

Last 7 days   All categories   All chains

	Collection	Volume	24h %	7d %	Floor Price	Owners	Items
1	Otherdeed for Otherside	♦ 15,643.65	-16.09%	-15.31%	♦ 3.2	34.5K	100.0K
2	Chimpers	♦ 7,447.11	-21.78%	---	♦ 2.4	2.8K	5.6K
3	Bored Ape Yacht Club	♦ 6,365.28	-35.29%	-49.58%	♦ 94.4	6.3K	10.0K
4	Heaven Land	☰ 176,177.6	+933137.09%	+45512.56%	☰ 8.3	2.1K	5.5K
5	goblintown.wtf	♦ 4,341.44	-59.05%	---	♦ 0.55	4.3K	10.0K
6	Okay Bears	☰ 171,456.56	+5.23%	-58.08%	☰ 180	5.3K	10.0K
7	Mutant Ape Yacht Club	♦ 3,883.18	-62.15%	-58.54%	♦ 19.8	12.6K	19.4K
8	Moonbirds Oddities	♦ 2,725.43	-80.48%	---	♦ 2.79	6.2K	10.0K
9	CLONE X - X TAKASHI MURAKAMI	♦ 2,700.36	-65.34%	-53.70%	♦ 14.4	9.3K	19.3K

[그림 6-2] 오픈시 마켓플레이스에서 가장 인기 있는 NFT 순위(일주일 단위)   출처: 오픈시 홈페이지

시점에서 인기 있는 작품의 순위와 작품 스타일 등을 분석해볼 수 있다.

2. 디앱레이더

탈중앙 애플리케이션 디앱레이더(DappRader)는 디앱에 관련한 정보를 한곳에 모아 확인할 수 있게끔 도움을 주는 블록체인 분석 플랫폼이다. 디앱레이더는 디앱 개발자와 사용자에게 이더리움, 이오스 등의 데이터와 차트 및 그래프를 제공하여 전반적 디앱 생태계를 직관적으로 살펴볼 수 있게 해준다. 또한 다양한 시장 데이터를 통해 시장 변화를 이해하고 결정할 수 있게 도와주고 사용자 데이터를 기초로 가장 최신이거나 혹은 인기 있는 디앱을 개발할 수 있게 돕는다. 디앱레이더는 안드로이드, 애플(iOS) 및 윈도(Windows)의 애플리케이션 스토어와 비슷하면서도 B2B 소비자를 수용할 본격적인 디애플리케이션 스토어로 확장될 것이다.

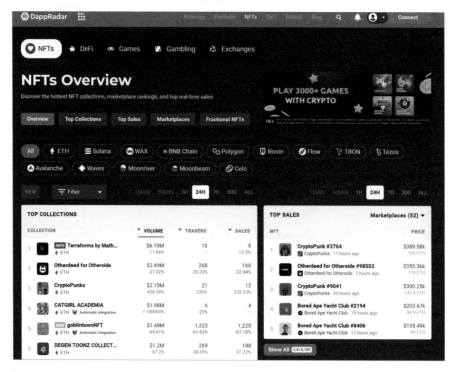

[그림 6-3] 디앱레이더 NFT의 메인 화면

출처: 디앱레이더 홈페이지

사이트 상단에서 차례로 오버뷰(Overview), 톱 컬렉션(Top Collections), 판매순위 (Top Sales) 등을 살펴볼 수 있다. 또한 최근 인기가 높은 NFT를 분야별(펑크 NFT, 예술 NFT, 동물 NFT, 게임 NFT 등)로 보여준다.

오버뷰(Overview)에는 모두(All), 이더리움(ETH), 솔라나(SOL), 왁스(WAX), 바이낸스 스마트 체인(BSC)과 같이 구매가 가능한 암호화폐가 나열되어 있다. 톱 컬렉션(Top Collections)에는 현재 인기 있는 NFT 작품의 이름과 가격, 그리고 가격 상승률 등이 나와 있다. 스마트폰으로도 검색이 가능한데 여기서는 현재 가장 인기 있는 NFT 컬렉션 순위를 비롯해 발행량(Volume), 거래자 수(Traders), 매출(Sales) 등을 한 번에 살펴볼 수 있다.

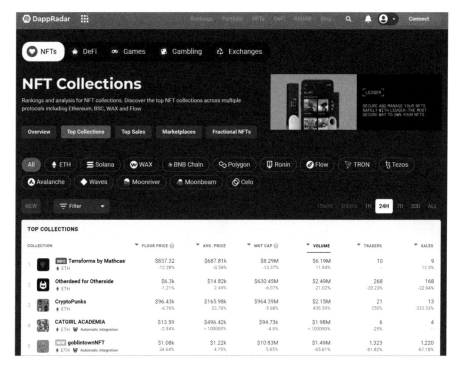

[그림 6-4] 디앱레이더의 톱 컬렉션 순위　　　　　　　　　　　　출처: 디앱레이더 홈페이지

　　[그림 6-4]를 보면 현재 디앱레이더 1위를 달리고 있는 NFT 작품의 세부 내용
을 확인할 수 있다. 또한 디앱레이더와 연결된 오픈시 사이트를 둘러보면 작품이
한 개가 아니라 시리즈로 오픈시에 나와 있음을 알 수 있다.

　　[그림 6-5]와 같이 화면에서 보이는 오렌지색 버튼 디앱레이더 열기(Open
Dapp)를 클릭하면 자동으로 오픈시로 연결된다.

　　디앱레이더를 통해 현재 인기가 많은 아이템의 순위를 찾아 오픈시 사이트에
서 경매에 참여할 수 있다.

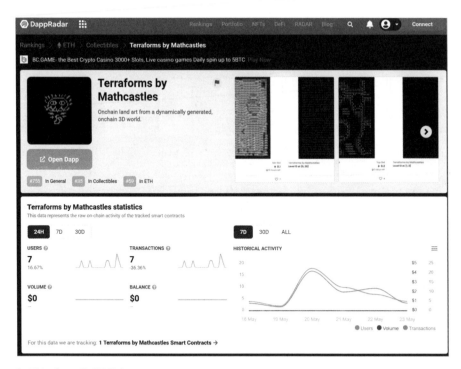

[그림 6-5] NFT의 세부 화면

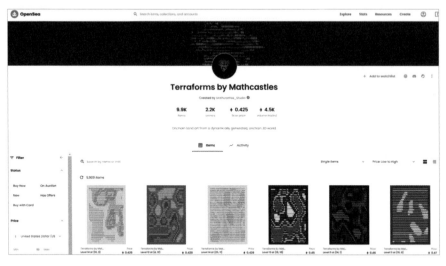

[그림 6-6] 디앱레이더에서 연결된 오픈시 컬렉션

3. 래리티

래리티(Rarity)는 NFT의 본질과 연결되는 희소성을 알려주는 사이트이다. 래리티는 주로 1개의 NFT를 제공하기 때문이다. 사이트(rarity.tools)에서 세부 내용을 확인해보자.

[그림 6-7] 래리티 사이트 확인 화면

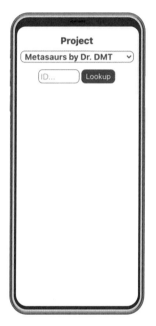

[그림 6-8] ID 번호 입력 화면

[그림 6-7]은 래리티 스코어(Rarity Score)를 확인할 수 있는 화면이다. 이어 [그림 6-8]과 같은 화면이 나오면 ID 입력 창에 관심 있는 작품 번호를 입력할 수 있다. 연이어 랭킹을 확인할 수 있는 화면에 접속된다. 예를 들어 3000번을 입력하면 3000번이 현재 몇 위인지 확인할 수 있다.

[그림 6-9] 래리티 주의 사항   [그림 6-10] 래리티 상세 화면

[그림 6-9]는 모바일에서 바로 드래그하면 보이는 화면이다. 먼저 빨간색 배너에는 주의사항(Notice)이 나와 있다. 이를 한번 확인하도록 한다. 그리고 바로 상세설명(Description)을 확인할 수 있다. 여기에는 각 NFT에 대한 구체적인 설명이 담겨 있다. 이어 중간에 전체 발행량(Total Volume), 7일간 평균 가격(7 Day Average Price), 소유자(Owners)에 대한 설명이 첨부되어 있다. 각 내용을 확인하고 아래로 내려가면 작품에 관련된 번호와 그림을 볼 수 있다. 화면 상단에는 페이지 수가 나오는데 이는 래리티 관련 그림의 개수이다. 그림 종류가 워낙 많아 그림을 전부 보는 데도 소요되는 시간이 상당할 것이다. 이렇게 그림을 한 번씩 보고 마음에 들거나, 현재 인기가 많은 그림을 클릭하면 자신이 원하는 그림의 세부 화면을 자세하게 볼 수 있다.

[그림 6-11] 일주일간 인기 있는 작품 순위　　[그림 6-12] 전체 기간 동안의 인기 있는 작품 순위

　　사이트 내에서 인기(Top) 컬렉션을 살펴보면 일주일간의 누적 데이터(7 Day Volume)를 바탕으로 한 각 작품의 순위를 확인할 수 있다. 최대 20위까지의 순위가 나오는데 현재 인기 있는 작품의 스타일을 파악하는 데 도움이 된다. 인기 작품을 참고로 활용하고 순위에 올라간 작품의 다음 컬렉션을 살펴보면 된다.

　　[그림 6-11]은 일주일간 평균 상위 가격(Top by 7 Day Average Price)인데, 크립토펑크(Cryptopunks)의 경우 7일 평균 가격이 80ETH에 달한다는 것을 확인할 수 있다. [그림 6-12]는 전체 기간 동안 가장 인기 있었던 작품을 살펴보는 화면으로 역시 크립토펑크가 상위에 랭크되어 있다. 크립토펑크의 가격은 76만 9,907ETH로 한화로는 1억 5,000만 원 정도다. 유행하는 작품의 순위를 꾸준히 비교하다 보면 트렌드를 비교 분석하는 안목을 키울 수 있을 것이다.

이번 주에 배운 내용을
정리해보자

● 비트코인은 블록체인 기술을 기반으로 만들어진 온라인 암호화폐다. 비트코인의 화폐 단위는 BTC로 표시한다. 2008년 10월 사토시 나카모토라는 익명의 프로그래머가 개발했고, 2009년 1월 프로그램 소스를 배포했다.

● 사토시 나카모토의 비트코인 논문 이후 2013년 비탈릭 부테린은 이더리움 백서를 통해 블록체인 기술을 이용한 스마트 계약, 즉 스마트 컨트랙트를 제안했다. 2015년 비탈릭 부테린은 암호화폐 공개를 통해 이더리움 서비스를 시작했다. 이더리움의 단위는 ETH로 표기한다.

● 이더리움은 비트코인의 전자화폐 기능과 차별화를 둔 전략으로 시장의 관심을 끌었다. 이더리움은 기술적으로 획기적 측면을 가진 비트코인의 최대 장점을 활용해 각종 계약서 등을 위변조 없이 관리하는 점을 차용했다.

● 제1세대 암호화폐는 비트코인, 제2세대 암호화폐는 이더리움, 제3세대 암호화폐는 카르다노, 이오스, 스팀 등으로 구분할 수 있다.

● 블록체인은 분산처리 기술과 암호화하는 기술, 이 두 가지를 동시에 적용하기 때문에 높은 보안성을 확보해야 한다. 동시에 거래 과정에서 신속성과 투명성을 바탕으로 중앙 서버에서 분리된 탈중앙화의 특징도 가지도 있다.

● 블록체인은 보안성이 높고 위·변조가 어렵다는 특성 등으로 인해 데이터 원본의 무결성 증명이 요구되는 다양한 공공 및 민간 영역에 기술 적용이 가능하다. 블록체인 기술은 거래 장부인 데이터뿐만 아니라 거래 계약도 중간 신뢰 담당자 없이 거래할 수 있는데 이를 스마트 컨트랙트, 즉 스마트 계약이라 부른다.

● 대체 불가능한 토큰이라는 뜻의 NFT는 블록체인에 저장된 데이터 단위로, 고유하면서 상호 교환할 수 없는 토큰을 뜻한다. NFT는 사진, 비디오, 오디오 및 기타 유형의 디지털 파일을 나타내는 데 사용할 수 있다. 가상의 진품 증명서 역할을 하므로 대체 불가능하고 사본은 인정되지 않는다.

● 다오는 누구의 통제도 받지 않고 신뢰가 필요 없는 조직이기 때문에 모든 사람에게 권한이 있고 기존의 계층적 접근 방식을 거부한다. 기존의 가장 해결점이 어려웠던 문제점 중의 하나인 다오의 조직화는 민주주의를 새롭게 정의하고 있다.

week
2

NFT 마켓플레이스 이용하기

해외 NFT 마켓플레이스 이용하기
국내 NFT 마켓플레이스 이용하기
케이뱅크를 통해 암호화폐 구매하기
암호화폐 거래소 가입하기
업비트에서 이더리움 구입하기
메타마스크 설치 후 이더리움 송금하기

해외 NFT
마켓플레이스 이용하기

오픈시 _{opensea} 🔍

오픈시의 특징

오픈시 마켓플레이스는 대체 가능 토큰(Fungible Token)부터 크립토키티와 같은 NFT에 이르기까지 게임 아이템과 이더리움 블록체인 기반의 아이템을 포함한 디지털 자산의 거래를 지원하는 P2P 방식의 마켓이다.

2018년 말에 오픈시의 CEO인 데빈 핀저는 블록체인 관련 미디어인《블록체인비즈(BlockchainGamer.biz)》와의 인터뷰에서 "오픈시가 다른 작품 매매 사이트와 다른 점 중 하나는 기존의 게임 관련한 아이템 거래 외에 블록체인 게임 아이템을 거래하는 오픈 시장을 보유한 데 있다"라고 했다. 오픈시는 초기 사용자 단계(Early Adopter Phrase, 신제품을 먼저 써보는 시장)에 있지만 불안정한 시장인 캐즘(Chasm, 첨단 기술 관련 분야에서 혁신성을 중시하는 얼리어답터가 주도하는 초기 시장과 실

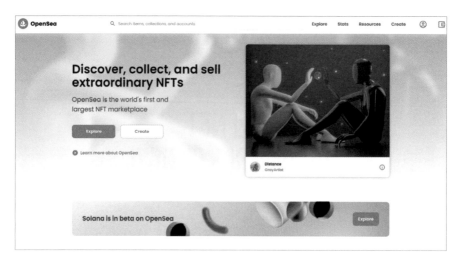

[그림 8-1] 오픈시 홈페이지 출처: 오픈시 홈페이지

용성을 중시하는 소비자가 이끄는 주류 시장 사이에서 일시적으로 수요가 정체하거나 후퇴하는 현상) 단계를 넘어 안정적인 서비스를 제공한다. 오픈시는 원활한 사용자 체험과 확장 기술을 시장 시스템에 도입하고자 하는 동시에 NFT라는 새로운 환경에 적응하는 중이다.

오픈시는 2021년 기준 거래량만도 1,550만 개 이상이며 누적 거래액은 3억 5,400만 달러를 달성한 세계 최대의 NFT 마켓플레이스다. 전 세계 NFT 이용자의 대다수가 활동하는 오픈시에서는 누구든 창작자이자 구매자가 될 수 있고 동시에 판매자로서 각자의 역량을 키워낼 수 있다. 우선 오픈시에서의 거래 방식 세 가지를 알아보자.

오픈시의 세 가지 판매 방식

구매 제안을 기다리는 방식

이는 NFT를 구매하려는 사람이 희망하는 가격을 제안받을 수 있는 방식이다. 제안을 받은 NFT 창작자(혹은 현재 소유자)는 제안을 수락할지 여부를 결정할 수 있다. 이는 NFT에 어느 정도의 가치가 매겨지는지 확인하고 시장 상황을 살피기에 매우 좋은 방법이지만 홍보와 마케팅이 필수적이다. 오픈시에서의 구매 제안은 열흘간 유효하며 구매 제안을 한 사람은 언제든지 제안을 취소할 수 있다.

고정가격 방식

처음부터 생각해둔 가격이 있을 경우 사용할 수 있는 방법이다. 가격을 정해서 판매하는 경우에도 다른 사람들이 그 가격보다 낮은 가격으로 구매 제안을 할 수 있고 그 제안을 받아들일지 여부는 각자 정하면 된다. 고정가격 방식을 진행할 때의 유의할 점은 다음과 같다.

우선은 합리적인 가격을 책정해야 한다. NFT의 인기 여부를 수치화하기 어렵기 때문이다. 예를 들어 크립토키티와 같은 인기 시리즈라면 다른 〈크립토키티 NFT〉의 최근 거래 가격을 비교한 뒤, 비슷한 수준에서 가격을 결정할 수 있다. 하지만 수치화할 데이터가 없다면 비교 가능한 대상을 찾기도 어렵다.

동시에 NFT의 수요를 측정해봐야 한다. 이 부분은 창작자의 영역이다. 예를 들면 창작자의 팔로어가 몇 명인지, 팔로어들이 창작자의 NFT에 어느 선까지 관심을 끌게 할 수 있는지에 대한 여부 등도 고려해야 한다. 덧붙여 어떤 마케팅과 홍보를 해야 할지도 생각해봐야 한다.

고정가격으로 진행할 경우, 낮은 가격보다는 높은 가격에서 시작할 것을 권하고 싶다. 그 이유는 운이 좋다면 누군가 비싼 가격에 당신의 NFT를 구매할 수도 있기 때문이다. 너무 낮은 가격은 작품의 가치가 너무 낮다는 인식을 심어줄 수도 있기 때문에 구조상 구매자의 눈에 들기가 어렵다. 마지막으로 가격은 언제든지 낮출 수 있다. 오픈시에서는 가격을 낮춘다고 가스피(Gas Fee, 민팅 작업 등을 할 때 드는 비용)가 더 들지도 않는다.

경매 방식

경매는 오픈시의 가장 인기 있는 판매 방식 중의 하나다. 오픈시 경매 방식은 크게 영국식 경매 방식과 네덜란드식 경매 방식으로 나눌 수 있다. 이는 4주차에 더욱 자세히 살펴볼 예정이다.

오픈시 마켓 전망

세계 최대 NFT 거래 플랫폼으로 기능하고 있는 오픈시의 전망은 밝은 편이다. 오픈시 기업가치는 약 10억 달러(약 1조 2,000억 원) 이상인 것으로 추산된다. 다양한 벤처캐피털(VC, 스타트업 초기 투자지원을 제공하는 금융 방식이나 단체)도 오픈시의 성장세에 주목하고 있다. 오픈시는 설립 초기부터 와이콤비네이터, 코인베이스벤처스 등 10개 이상의 개인 및 기관으로부터 411만 달러(약 50억 원) 이상을 유치했으며 2021년 3월 시리즈 A에서 2,300만 달러(약 277억 원)를, 같은 해 6월 시리즈 B에서 1억 달러(약 1,200억 원)를 유치하며 총 15억 달러(약 1조 8,000억 원)의 기업 가치를 평가받았다.

이런 성장세는 선발 주자로 나서서 NFT 시장을 선점한 덕분이다. 2017년 〈크립토키티 NFT〉가 수십만 달러에 판매되는 것을 보자마자 NFT 플랫폼 생태계에 누구보다 빨리 진입함으로써 오픈시는 시장에서 우위를 차지할 수 있었다. 오픈시의 또 다른 성공 비결은 누구나 쉽게 만들 수 있는 NFT 마켓을 구축한 데 있다. 오픈시 사용자들은 누구나 쉽게 자신만의 NFT 컬렉션을 만들 수 있고 누구나 작가가 될 수 있다. 이러한 매력 덕분에 오픈시의 사용자들은 예술 분야 전공자가 아니어도 자신의 작품을 올릴 수 있고 그림을 비롯해 다양한 창작품을 업로드해 더욱 쉽게 오픈시에 자신의 컬렉션을 선보였다.

이 밖에도 오픈시가 거래자 간의 신뢰를 확보한 다음, 안전 거래를 보장하는 것도 장점이다. 특히 오픈시는 공인에게 제공하는 '블루 배지' 제도를 도입해 공인된 판매자와 마켓플레이스에는 파란색 마크로 공인이라는 표시를 해준다. 또한 오픈시는 다른 중고 거래 플랫폼과 마찬가지로 사용자 간의 거래 활동을 투명하게 관리하고 공개한다. 이는 거래자 간의 신뢰성과 거래의 투명성을 높여 오픈시의 고객을 늘리는 데 기여했다.

오픈시는 사용자, 개발자 간의 NFT 커뮤니티를 운영해 독자적 영역을 구축했다. 이를 위해 오픈시는 NFT 문화를 만들고 소개하는 동시에 이를 널리 확산시키는 커뮤니티를 형성하고 있다. 또한 다양한 개발사나 개발자들이 자사 플랫폼을 활용해 다양한 디지털 마켓플레이스를 구현할 수 있도록 개발자용 튜토리얼도 무료로 제공하고 있다. NFT에 관심이 있다면 깃허브(Github), 디스코드(Discord) 같은 온라인 커뮤니티와 오픈시 웹사이트 및 블로그를 통해 최근 NFT와 관련한 소식을 얻을 수 있을 뿐 아니라, 자신만의 아이템을 생각하고 만들어보는 데 도움을 받을 수 있다. 또한 오픈시는 예비 아티스트들의 최대 관심사인 튜토리얼 역시 보강하는 동시에 접근성을 꾸준히 높이고 있다. 비개발자도 튜토리얼을 보면서 쉽게 NFT를 만들 수 있도록 도왔다. 특히 오픈시 엔지니어가 유튜브 튜토리얼을 제공해주는 서비스를 시행하고 있다.

라리블 🔍

라리블의 특징

라리블 마켓플레이스는 디지털 예술작품의 소유권을 만들고 판매, 구매 활동을 하도록 돕는 NFT 플랫폼이다. 오픈시에 이어 두 번째로 유명한 플랫폼이라고 보아도 된다. 라리블은 라리블 다오(Rarible DAO)의 주요 인물인 알렉스 살니코프(Alex Salnikov)와 에릭 아스틸(Eric Arsenault)에 의해 설립되었는데, 이들은 크리에이터 중심의 NFT 플랫폼을 구축한다는 계획을 밝혔다.

2020년 서비스를 시작한 라리블은 1년 만에 누적 거래량 1억 달러를 돌파했다. 라리블은 미국 프로농구 팀 댈러스 매브릭스의 구단주 마크 큐반(Mark Cuban), 할리우드 배우 린지 로언(Lindsey Lohan)의 NFT 작품을 소개하는 등 공격적인 스타 마케팅을 선보이기도 했다. 이런 마케팅에 힘입어 라리블은 2022년 2월 코인베이스벤처스, 파라파이캐피털 등으로부터 175만 달러를 투자 유치하는 데 성공했다.

라리의 핵심, 라리 토큰 🔍

라리블의 특징은 다음과 같다.

❶ 라리블은 커뮤니티에 의사결정 권한을 부여하는 방식으로 탈중앙화 조직인 다오를 운영한다.

❷ 라리(RARI) 토큰으로 NFT 생태계 참여를 이끈다.

❸ 크리에이터를 위한 '좋아요', '팔로잉' 등 다양한 기능을 제공한다.

❹ 라리 토큰의 자전거래 문제를 해결하기 위해 노력 중이다. 자전거래는 거래가 잘 이뤄지지 않는 경우 내부에서 부적절한 방법으로 거래하는 경우를 뜻하는데, 라리블이 법적인 규제에서는 벗어나 있어 이를 완전하게 해결해줄 수는 없으므로 사용자 측에서 자전거래를 조심해야 한다.

❺ NFT 시장의 규모는 향후 500억 달러까지 성장할 가능성이 있고, 작품 판매는 앞으로도 활성화될 것이다.

NFT 마켓플레이스의 핵심 경쟁력은 유망한 크리에이터의 유입에 달려 있다. 이들이 플랫폼에 다양한 NFT 작품을 올릴수록 거래도 활발하게 이뤄지기 때문이다. 라리블은 크리에이터를 유입시킬 전략으로 라리 토큰을 지급한다. 즉, 라리 토큰을 인센티브로 활용해 라리블 생태계 구성원의 참여를 활성화하려는 계획이다. 이 외에도 '좋아요', '팔로잉', '개인 피드' 등 크리에이터를 위한 여러 기능을 제공하고 있다. 이 점이 다른 NFT 마켓플레이스와 다른 라리블의 경쟁력이다.

그러나 본래 취지와는 달리 단순히 라리 토큰을 받기 위한 목적으로 자전거래를 하는 경우도 자주 발생한다. 이런 문제점을 개선하기 위해 자전거래 계정을 계속 추적하고 있고, 자전거래 흔적이 보이면 계정을 차단하고 있지만 누구나 작품 업데이트가 가능한 오픈 마켓플레이스라는 특성상 완벽히 해소하기는 힘들어 보인다.

라리블의 특징 🔍

라리블 메인에서 언어를 한국어로 설정해 번역하면 조금 더 편안하게 살펴볼 수 있다. 오른쪽 상단에는 라리블에 대한 추가 정보를 얻을 수 있는 커뮤니티가

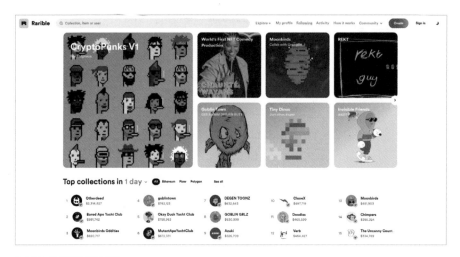

[그림 8-2] 라리블 메인 화면

출처: 라리블 홈페이지

있고, 라리블에 대한 좀 더 구체적인 설명은 '어떻게 운영하는가(How It Works)'에서도 살펴볼 수 있다. 현재는 암호화폐별로 구매 가능한 NFT를 살펴볼 수 있다. 최근 폴리곤(Polygon)으로도 구매할 수 있게 새로운 기능이 생성되었다. 로그인 후에는 좀 더 많은 정보에 접근할 수 있다.

라리블의 전망

신용카드 기능

2021년 5월 열린 〈NFT 빌라〉 전시회는 인사동 문화공간인 코트(KOTE)와 이태원 빌라 해밀턴 갤러리에서 진행되었는데, 약 86명의 국내 NFT 작가의 작품을 관람할 수 있었을 뿐 아니라 관련 콘퍼런스도 진행되었다. 행사 진행자인 선우진 작가는 앞으로 라리블에서 신용카드로 NFT를 구입하는 서비스를 곧이어 실시하기 때문에 사용자의 편의성이 높아져 오픈시를 추월할 수 있다고 언급했다. 실제로 라리블은 2022년 라이선스가 제공된 가상 통화업체인 워트(Wert)와 협업해 신용카드 결제 기능을 추가했다. 라리블에서는 비자 카드와 마스터 카드를 모두 사용할 수 있다.

분할 로열티 이익

디지털 콘텐츠를 NFT로 바꾸려면 먼저 라리블 플랫폼에서 콘텐츠가 제작되어야 하는데 라리블과 메타마스크 지갑이 연결되면 NFT를 단일 개수로 제작할지 또는 다중으로 제작할지를 결정할 수 있다. 이렇게 라리블 컬렉션에는 분할 로열티 보조 판매를 체험해볼 수 있다. '분할 로열티'는 라리블에서 분할했을 경우 나오는 이득이고, '컬렉션 나열'은 컬렉션을 여러 개로 나누어 판매하는 경우를 지칭한다.

참고로 라리블의 추가 혜택 기능에 '로열티' 기능이 있는데 라리블의 입찰자는 입찰마다 가스비로 이더리움을 지불해야 하고 판매자는 NFT를 경매에 부치고 판매가 완료될 때까지 2번의 가스비를 지불해야 한다. 반면에 오픈시 판매자는 거래 수수료를 단 1번만 지불하게 된다.

사용자 중심의 마켓플레이스

2020년 7월 기준, 라리의 총 공급량은 2,500만 개고 개당 가격은 26.79달러다. 2021년 9월 11일 라리 토큰은 코인베이스에 상장되었는데, 정식 명칭은 라리 거버넌스 토큰(Rari Governance Token)이다. 따라서 이더리움을 구매한 다음, 라리 코인을 거래하도록 제안하는 거래소로 이전해 쉽게 라리 코인을 구매할 수 있다. 그 방식은 다음과 같다.

❶ 코인베이스에 로그인한다.

❷ 법정화폐로 이더리움을 구입한다.

❸ 이더리움을 알트코인 교환소로 보낸다.

❹ 알트코인 교환소에서 이더리움 입금내역을 확인한다.

❺ 라리를 이더리움과 교환한다.

❻ 하드웨어 지갑에 라리를 안전하게 저장한다.

최근에는 라리블에 대한 관심이 높아져 오픈시와 라리블을 병행해서 사용하는 사용자가 증가하는 추세다. 라리 코인은 사용자 중심에서 이익을 실현할 수 있다. 사용자는 라리블에서 라리 코인을 통해 작품을 구매하고, 할인 혜택도 받을 수 있다. 라리블의 민팅 방법도 상대적으로 쉬운 편에 속하고 쉬운 결제와 편한 사용자 환경 역시 매력적이다.

day
9

국내 NFT
마켓플레이스 이용하기

클립 드롭스 🔍

2021년 8월, 배우 하정우의 NFT 작품이 〈마티 팰리스 호텔의 이야기(Story of Marti Palace Hotel)〉라는 제목으로, 또 하나는 에디션인 〈a to A〉라는 제목으로 판매되었다. NFT 발행 방식에는 경매와 에디션이 있는데 경매는 1개의 작품에 해당하고 에디션은 발행 개수가 여러 개인 것을 뜻한다. 이 작품의 최소 경매가는 2만 7,000클레이(KLAY)였다. 1클레이(KLAY/KRW)는 2022년 1월 기준으로 약 1,730원이었으므로 이 작품의 최소 경매가는 3,240만 원이었다. 당시에 이 작품을 구입다면 지금 현재가는 약 4,671만 원으로 상승해 1,000만 원 이상의 수익을 올렸을 것이다.

클립 드롭스에서 제시한 하정우 작품은 경매에 붙여졌고, 〈a to A〉 에디션은 한정판으로 총 557개 발행되었다. 당연히 완판되면 바로 마감될 예정이었다. 그

[그림 9-1] 하정우의 〈마티 팰리스 호텔의 이야기〉와
〈a to A〉

출처: 클립 드롭스 홈페이지

러나 에디션은 557개까지 발행되어도 한 사람당 1개만 구입이 가능했다. 하정우의 〈a to A〉는 229개가 판매되었고, 1점당 557클레이(80만 원)에 거래되었다. 참고로 〈a to A〉에 등장하는 인물은 비운의 싱어송라이터 에이미 와인하우스(Amy Winehouse)를 모티프로 한 것이었다.

하정우의 NFT로 유명해진 클립 드롭스는 카카오톡을 기반으로 한다. 카카오의 블록체인 기술 자회사인 그라운드X는 카카오 그룹의 블록체인 글로벌 전략 총괄회사인 카카오G의 자회사이며 블록체인 플랫폼과 관련된 서비스 연구 및 개발을 실질적으로 담당한다. 이들이 만든 가상화폐 클립은 디지털 모바일 암호화폐 자산관리 서비스로, 클립 지갑으로 유명하다. 클립은 퍼블릭 블록체인 플랫폼 클레이튼 기반의 암호화폐들을 지원하는데 카카오톡 내에서 클립을 쉽게 관리하고 카카오톡으로 연결된 친구들과 주고받을 수도 있다. 이 밖에도 디지털 웹 브라우저용 암호화폐 자산관리 서비스인 카이카스(Kaikas), 그라운드X가 비애플리케이션(Bapp, 블록체인 기반의 응용 소프트웨어) 개발을 위해 지원해주는 개발 프로그램인 카스(KAS, Klaytn API Service)도 있다.

클립 드롭스의 전망 🔍

국내 최대 NFT 오픈마켓인 클립 드롭스의 비전 역시 밝은 편이다. 그동안 클립 드롭스 안에서 NFT 거래를 할 때 작품 구입 후에 가격이 상승하는 등의 기대 효과가 있었으나 이제는 그 작품에 대한 재판매 버전이 출시됨으로 인해 기대감이 더욱 높아지고 있다.

클립 드롭스에는 이용자 간 NFT 아트를 사고파는 마켓 기능도 추가된다. 따라서 최초 공개 당시 구매 기회를 놓친 이용자 또는 클립 드롭스에서 구매한 작품을 재판매하고 싶은 이용자는 마켓플레이스를 통해 2차 거래를 할 수 있다. 판매자는 사전에 등록한 가격으로 구매할 수 있고, 시간 제한도 없다.

또한 클립 드롭스는 크리에이터 보상 제도를 시행하고 있다. 클립 드롭스에서 거래가 이뤄지면 판매액의 일부가 창작자에게 지급된다. 창작자가 꾸준히 작품 활동을 할 수 있는 환경을 만들고, 또 작품의 가치도 함께 상승하는 건전한 생태계를 만든 셈이다. 게다가 다양한 장르의 크리에이터 굿즈(기획 상품)와 컬렉터블(수집품) 등 NFT를 수집하는 디팩토리 (dFactory) 서비스도 있다. 디팩토리에는

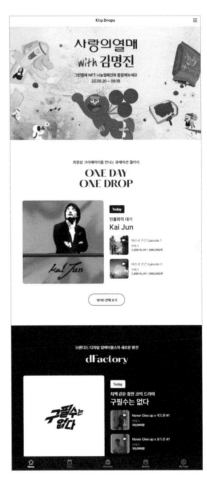

[그림 9-2] 클립 드롭스

출처 : 클립 드롭스 홈페이지

미술작품뿐 아니라 영화나 브랜드, 혹은 독창적인 프로젝트들의 고유 특색이 담긴 굿즈와 아트워크 등 다양한 상품이 입점된다. 추후 이용자가 브랜드를 추천하고 투표하는 기능도 생길 예정이다.

또한 아트 유통 채널로 확대되는 것도 주목해야 한다. 그동안 매일 오전 9시부터 오픈되었던 유통 채널이 하루 한 명의 아티스트만 집중 조명해 공개한다는 의미를 담아 기존 서비스를 원데이원드롭(1D1D)이라는 새 이름으로 재편했다. 원데이원드롭에서는 특정 요일에 오전 9시부터 최대 12시간 동안 경매 또는 선착순 에디션 판매가 이뤄진다. 이용자들은 클레이 코인으로 작품을 구매할 수 있다.

다만 신용카드 기능도 추가할 예정이었으나 시작 하루만에 이를 철회하면서 NFT의 법적 해석과 금융 당국의 의견이 달라 힘겨루기를 하는 것이 아니냐는 의문을 일으키고 있다. 클립 드롭스의 공식 보도 등이 이슈화된 이상, 이 기능은 차후에 언제라도 사용자의 편의를 위해 재개할 가능성이 높다. 이를 통해 전통 회화, 조각, 미디어아트 등 각 분야 대표 작가부터 서브컬처 분야 크리에이터까지 폭넓게 소개될 가능성이 있다.

최근 미디어 아티스트 MYZY와 인세인박, 설치 작가 이재효, 일러스트레이터인 연여인과 김민경 등이 원데이원드롭에서 작품을 공개했다. 이런 방식을 통해 누구나 손쉽게 디지털아트를 감상하고 소유하는 건전한 환경을 조성하고, 또 작가들의 진지한 탐구가 지속되도록 지원하는 크리에이터 경제가 이뤄질지 지켜봐야 할 일이다. 클립 드롭스가 계속 업그레이드되는 만큼 이용자의 편의 위주로 재편되는 등의 일도 기대해볼 만하다. 또 해외 거래소가 대부분인 NFT 생태계에 국내 오픈 마켓이 국내 예술 분야의 대표 NFT 마켓플레이스가 될지 지켜보는 중이다.

영남일보의 캔버스 🔍

영남일보는 국내 언론사 최초로 계열사인 네이처아이와 합작해 NFT 전용 플랫폼인 캔버스(CANVERSE, canverse.org) 마켓플레이스를 공동 개발해 운영한다. 영남일보는 창간 76주년을 기념해 NFT를 발행했다. 영남일보의 NFT 전용 플랫폼 캔버스는 2021년 론칭 후 작가들의 미술품을 여럿 거래해왔을 뿐 아니라 쿠시(KUSH)와 토미 곽(Tommy Kwak)과 같은 해외 작가들의 NFT 작품도 선보여왔다.

캔버스는 지역 청년 작가에게 기회의 장을 제공한다. 캔버스는 자사 인근 지역인 대구 경북 지역 청년 대상으로 작품을 전시, 기획, 판매를 할 수 있도록 후원한다. 또한 영남일보의 신문 콘텐츠도 NFT로 발행해 판매할 계획이다. 특히 창

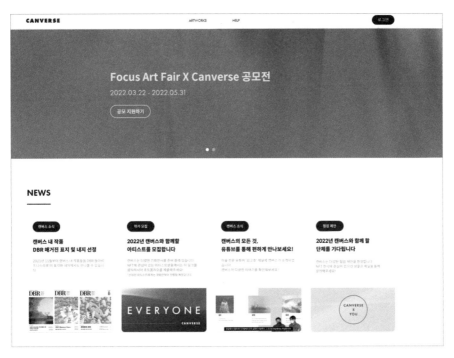

[그림 9-3] 캔버스 홈페이지 메인 화면　　　　　　　　　　　　　　　출처: 캔버스 홈페이지

[그림 9-4] 영남일보 창간호　　　[그림 9-5] 백범 김구 휘호　　　출처: 영남일보

간호 및 복간호를 비롯해 유명인의 휘호, 역사적 순간을 담은 사진 등을 디지털화해 선보일 계획이다. 지역의 다양한 문화 콘텐츠도 지속적으로 발굴하고 스토리텔링해 NFT로 발행할 예정이다.

위의 그림은 영남일보 창간호에 실린 백범 김구의 휘호를 NFT로 만든 것이다. 여기에는 1946년 1월 1일 영남일보에 게재된 백범 김구 선생 휘호와 일본군의 조속한 철군을 요구하는 기사와 일제에 저항하지 않은 언론인들의 반성이 담긴 글이 담겨 있다. 이 NFT는 창간 76주년을 기념해 총 76개 판매했고 하루 만에 완판되었다. 백범 김구 선생의 휘호 NFT는 별도로 9개가 발행되었으며 총 500만 원에 판매되었다. 영남일보는 장기적으로 역사적 가치가 있는 기사들을 발굴해 시리즈로 기획전을 열 계획이라고 밝혔다. 이런 홍보에 힘입어 언론사로서는 최초로 자사 칼럼을 NFT로 만들어 완판시키고 있다. 또한 한국 언론사 최초로 편집국 내 NFT 팀을 만들었다. 캔버스는 클립 드롭스와 함께 NFT 시장을 확장시킬 것으로 예상된다.

국내외 마켓별 특징 🔍

　해외와 국내 NFT 오픈 마켓플레이스 모두 각자의 특성을 가지고 있지만 공통적으로 작가에게 무한한 가능성을 열어주고 있다. 동시에 NFT 시장이 확장되는 모습을 보며 우려하는 목소리 역시 나오고 있다. NFT를 작품 자체에 대한 관심보다는 수익 창출만을 부각하고 있는 시선이 불편하다는 의견이다. 하지만 디지털 세계 안에서 사람들의 예술 창작에 대한 목마름과 궁금증이 NFT에 대한 관심의 일부로 발현되고 있다. 오늘날 우리는 NFT 시장이 어디에 있든 이미 글로벌하고 디지털화된 지구 안에서 자신의 창작물을 어디에든 소개할 수 있는 시대에 살고 있다.

케이뱅크를 통해
암호화폐 구매하기

케이뱅크 가입하기   🔍

　케이뱅크(Kbank)는 국내 최초의 인터넷 전문은행으로 2017년 4월 3일 문을 열었다. 케이뱅크는 KT 등 통신사와 우리은행, NH투자증권 등 20개 주주사가 컨소시엄으로 참여하고 있으며, 인터넷 전문은행의 특성상 24시간 계좌 개설이 가능하고 오프라인 점포를 마련하지 않은 채 온라인 네트워크를 통해서만 영업한다. 케이뱅크의 장점은 점포 운영을 하지 않기 때문에 기존 일반 은행보다 예금 금리를 높이거나 대출 금리를 낮출 수 있다.

　미국과 유럽에서는 1990년대부터, 일본은 2000년대부터 인터넷 전문은행을 운영해왔지만 국내에서는 인터넷 전문은행 설립에 대한 규제, 금융실명제 및 자금 확보 문제, 은산 분리 규제 등으로 무산되어 2014년에 이르러서야 인터넷 전문은행 설립 논의가 본격화되었다.

은산분리란 은행 자본과 산업 자본 간의 지분 소유를 제한하는 원칙으로 은행이 재벌 등 산업 자본에 의해 잠식되는 것을 방지하기 위한 방어막이다. 현행 은행법에 의하면 비금융회사는 은행 지분을 4%(의결권 없는 주식은 10%)까지만 보유할 수 있도록 되어 있다. 그러나 최근에 같은 규제를 적용받던 인터넷 은행에도 변화가 불가피해졌고 결국 정부는 은산분리의 상위 개념인 금산분리(금융자본과 산업자본의 분리) 원칙에서 한 발 물러나 은산분리 완화를 승인했다.

결국 케이뱅크는 2016년 금융위원회의 승인 후, 2017년 4월 국내 첫 인터넷 전문은행으로 출범하기에 이르렀다.

케이뱅크에서 계좌를 개설해보자 🔍

케이뱅크에서 은행 계좌를 개설할 때 주의할 사항이 있다. 영업일 20일 이내에 타 증권사 계좌나 입출금 통장을 만들지 않아야 한다. 영업일은 휴일을 제외하는 특성이 있어 일주일 중에 5일만 인정되므로 만약 통장을 11월 20일에 개설했다면 다음 달인 12월 20일이 되어야 새로운 통장을 개설할 수 있다. 추가 정보는 웰컴디지털뱅크(www.welcomebank.co.kr)에서 확인할 수 있다.

2021년 9월, 가상화폐 특정 금융거래정보의 보고 및 이용 등에 관한 법률(일명 특금법) 시행 이후 국내에서는 업비트, 빗썸, 코인원, 코빗이 정부의 허가 아래 거래소 영업을 할 수 있다. NFT를 구매하기 위해서는 오픈시와 암호화폐 지갑을 연결해야 한다. 특히 오픈시 거래를 진행하는 경우 거래 수수료인 가스비(Gas Pee, 또는 가스피)는 이더리움을 사용해야 하기 때문에 이더리움을 거래할 수 있는 거래소에서 진행하는 것이 좋다. 국내에서는 네 곳 모두 가능하다.

케이뱅크 가입하기 🔍

    은행 계좌 개설을 위한 원화(KRW) 입금은 케이뱅크와 농협중앙회에서 가능하다. 코인 거래소인 업비트나 빗썸, 코인원, 코빗 등에 입금을 해야 이더리움으로 교환할 수 있는데, 원화로 입금 가능한 은행이 정해져 있기 때문이다. 그중 업비트는 케이뱅크와 호환이 되어 있기 때문에 업비트에서 코인 거래를 하려면 케이뱅크 애플리케이션이 필요하다. 빗썸과 코인원은 농협중앙회와 연결되어 있고, 코빗은 신한은행과 호환된다.

    케이뱅크를 설치하는 방법은 간단하다. 안드로이드폰의 경우 구글 플레이스토어, 애플 스마트폰의 경우 애플리케이션스토어에서 케이뱅크를 검색한다. 다음 그림을 보면서 순서대로 진행하면 된다.

[그림 10-1] 케이뱅크 검색 화면   [그림 10-2] 케이뱅크 시작 화면

왼쪽 그림처럼 앱스토어에서 케이뱅크를 검색한 다음 다운로드를 받는다. 다운로드를 받은 뒤 화면을 열어 보안 인증을 시작한다.

[그림 10-3] 케이뱅크 보안 인증 화면 1　　[그림 10-4] 케이뱅크 보안 인증 화면 2　　[그림 10-5] 케이뱅크 보안 인증 화면 3

[그림 10-3]에서 [그림 10-5]와 같이 보안 인증을 진행한 뒤, [그림 10-6]에서 [그림 10-9]와 같이 개인정보를 입력하면 기기 인증이 완료된다. 유의할 점은 가입을 진행한 스마트폰 기기에서만 사용 가능하다.

계좌를 개설하기 위해 [그림 10-10]에서 [그림 10-13]과 같이 바이오인증 등록, 신분증 등록, 발급 신청용 OTP 번호와 이체 한도 등을 설정한다. 이 과정을 마무리하면 계좌가 생성된다.

[그림 10-6] 케이뱅크 개인정보 입력 화면 4

[그림 10-7] 케이뱅크 개인정보 입력 화면 5

[그림 10-8] 케이뱅크 회원 가입 화면

[그림 10-9] 케이뱅크 기기 인증 완료 화면

[그림 10-10] 계좌 개설을 위한 추가 인증 정보 1　[그림 10-11] 계좌 개설을 위한 추가 인증 정보 2

[그림 10-12] 계좌 개설을 위한 추가 인증 정보 3　[그림 10-13] 계좌 개설을 위한 추가 인증 정보 4

[그림 10-14] 계좌 생성 완료 메시지

[그림 10-15] 계좌 생성 후 화면

인증 과정을 거치면 계좌 개설이 완료되었다는 메시지가 뜨면서 계좌 생성이 완료된다.

암호화폐 거래소 가입하기

day 11

업비트에 가입해보자

두나무는 가상자산 거래소 업비트와 주식 거래 플랫폼인 증권 플러스, 증권플러스 비상장 등을 운영하는 기업으로, 업비트는 두나무에서 해외 비트렉스(Bitrex)와 독점 제휴를 맺고 2017년 10월 출범한 암호화폐 거래소다. 업비트는 대한민국에서 가장 많은 암호화폐를 거래할 수 있는 거래소 중 하나며 카카오톡과 연동된다는 장점이 있다. 현재는 출범할 때와 달리 비트렉스와 제휴 관계가 종료되었다. 업비트의 BTC(비트코인), ETH(이더리움), USDT(테더) 거래액은 원화 마켓 거래량만으로 전 세계 1위 거래소에 올라갈 만큼 인기가 높다.

업비트의 최고의 장점 중 하나는 사용하기 편한 애플리케이션이다. 타 거래소 애플리케이션은 물론이고 웬만한 주식거래 애플리케이션보다도 편리하다는 평가를 받고 있으며, 업비트를 사용하지 않는 코빗과 코인원 사용자들도 차트 기능을 보기 위해 업비트 애플리케이션을 사용하는 경우가 많다. 현재는 케이뱅크와의 서비스 제휴 덕에 원화 입금이 가능해지면서 더욱 편리하게 업비트에서 이더리움과 같은 암호화폐를 구매할 수 있다.

하지만 업비트의 단점 또한 고려할 필요가 있다. 우선 업비트는 카카오톡 계정으로만 계정 생성 및 로그인을 할 수 있다. 24시간 카카오톡 상담이 진행되긴 하지만 전화 상담 연결이 어렵다. 케이뱅크 계좌만 인증이 가능하기 때문에 신분증 인식 단계에서 문제가 생겨 불편함을 호소하는 경우도 종종 있다. 오프라인 거래 점포가 없는 만큼, 케이뱅크에 가입하지 못하면 업비트에 가입해도 서로 호환되지 않아 암호화폐 거래를 할 수 없다는 점도 문제점으로 꼽힌다. 이 밖에 기타 호가 단위(틱)가 현재 다른 거래소에 비해 높게 보이는 경향이 있고, 원화 일일 출금 한도가 최대 등급 일일 2억 원으로 타 거래소에 비해 낮다는 점도 지적된다.

게다가 2021년 2월에는 로그인 불가, 호가 오류, 거래 불가 등으로 서버가 마비된 적이 있다. 당시 암호화폐 가격이 급락할 경우 거래 체결이 되지 않아 매도를 시도하던 투자자들이 전혀 거래를 할 수 없어 급락하는 가격을 눈 뜨고 지켜볼 수밖에 없는 상황도 있었다. 또한 그라운드X에서 발행한 전자화폐 클레이의 셀프 상장 논란이 일자 업비트에는 클레이 상장이 보류되기도 했다. 그라운드X가 클립 드롭스의 모회사이므로 상관관계가 밀접하다는 점이 문제가 되었을 것으로 추측된다.

업비트 가입하기

진행하기 전 참고로 스마트폰에서 관련 애플리케이션을 폴더별로 정리해두면 좋다. 스마트폰에 이런저런 애플리케이션을 다 다운받다 보면 찾고자 하는 애

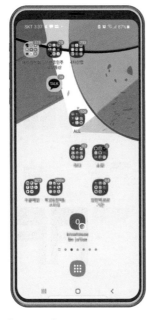

[그림 11-1] 스마트폰 정리 화면 예시   [그림 11-2] 업비트 거래소 화면

플리케이션이 어디 있는지 몰라 헤맬 수 있기 때문이다. 스마트폰에 주제별, 항목별로 한곳에 묶어 놓으면 찾기도 수월하고 거래할 때 시간 초과로 낭패를 보는 경우를 줄일 수 있다. 개인적으로는 '은행 코인 주식 부동산'으로 이름을 아예 바꾸어서 검색과 거래의 편의를 고려했다. 보통 데스크톱에서 작업할 때 하나의 아이콘에 비슷한 주제별, 항목별로 문서나 그림 등을 저장하는 방법과 유사하다고 보면 된다.

업비트 가입하기

업비트를 가입할 때는 스마트폰이 훨씬 편하다. [그림 11-2]는 업비트에 접속했을 때 보이는 화면이다.

먼저 안드로이드폰은 구글 플레이스토어로, 아이폰은 애플리케이션스토어

[그림 11-3] 실시간 업비트 설치화면   [그림 11-4] 업비트 열기 화면

화면으로 시작한다. 구글 플레이스토어에서 '업비트'를 검색해 다운로드를 진행한다.

　케이뱅크와 업비트가 호환되어야 하기 때문에 먼저 업비트 메인화면을 열어둔다. 업비트에서 케이뱅크로 원화 입금을 하는 계좌를 알아야 하기 때문이다. [그림 11-3]처럼 플레이스토어에서 업비트를 검색한 후 설치한다. 그러면 [그림 11-4]와 같은 화면으로 이동한다.

　검색 화면에 '업비트-가장 신뢰받는 디지털 거래소' 애플리케이션이 검색되면 오른쪽에 있는 설치 버튼을 클릭해 다운로드를 진행한다. 참고로 화면 하단에 보이는 '실시간 업비트 애플리케이션'은 실시간 거래 현황 등을 참고할 때 유용하다.

[그림 11-5] 업비트 권한 허용 화면   [그림 11-6] 업비트 설치 화면 1

[그림 11-5]와 같이 업비트 권한 허용 화면이 나오면 확인을 누른다.

그다음 [그림 11-6]와 같이 업비트 설치화면이 나온다. 차례대로 화면을 확인한 다음 '다음' 버튼을 누른다. 중간에 나오는 거래소 설치화면 안내 내용은 자세히 읽어보자. 다 읽은 후에는 '건너뛰기' 버튼을 누른다.

업비트를 설치한 후 다시 업비트를 재방문할 때 새로운 기능이 추가되면 수시로 업데이트를 진행하라는 안내 문구가 나온다. 거래 특성상 업데이트를 수시로 해놓아야 원활하게 진행이 된다.

[그림 11-7] 업비트 설치 화면 2

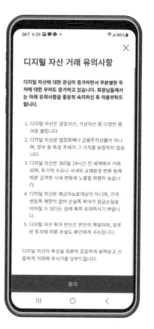

[그림 11-8] 업비트 설치 화면 3

[그림 11-9] 업비트 설치 화면 4

[그림 11-10] 업비트 설치 화면 5

[그림 11-11] 업비트 설치 화면 6   [그림 11-12] 업비트 설치 화면 7

이제 [그림 11-10]처럼 시작 버튼이 파란색으로 변하면서 업비트 메인화면이 나오기 전 화면이 나온다. 앞서 언급한 것처럼 '카카오 계정으로 시작'을 클릭해야 업비트 화면으로 들어갈 수 있다.

[그림 11-11]을 보면 '카카오 계정으로 시작' 화면이 나온다. 시작 버튼을 누르고 [그림 11-12]처럼 '카카오톡으로 간편 로그인'을 선택한다.

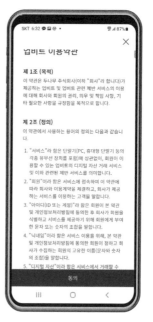

[그림 11-13] 업비트 설치 화면 8   [그림 11-14] 업비트 설치 화면 9

[그림 11-13]처럼 업비트 '전체 동의하기'를 클릭한 후 [그림 11-14]의 업비트 설치 화면을 클릭한다. 이때 약관을 자세히 읽어보기를 권유한다. 단순하게 주변의 권유나 호기심으로 무리한 투자를 할 위험성에 노출될 수 있기 때문이다. 충분한 시간을 두고 생각을 한 이후에 신중하게 동의 버튼을 누르도록 한다.

약관 내용 중 특히 'NFT 이용 약관'은 'NFT 소유자의 이용 권리'와 'NFT 거래 방법과 회사의 역할', '업비트에서 유통된 NFT와 이와 연계된 디지털 저작물과 관련한 행위'에 대한 안내를 하고 있다. NFT 거래 방법과 금지 행위, 이의 제기에 관한 주요 내용은 약관을 참고하도록 한다.

[그림 11-15] 업비트 설치 화면 10　　　　[그림 11-16] 업비트 설치 화면 11

　　이어 [그림 11-15]처럼 스마트폰 본인인증을 하게 되는데 '개인정보 수집 및 이용 동의'를 확인한다. 만약 패스(PASS) 애플리케이션이 설치되어 있지 않다면 [그림 11-16]처럼 패스 애플리케이션을 설치하라는 화면 안내가 나온다. 없는 경우 설치한다.

　　패스는 스마트폰으로 개인 신분인증에 관한 정보를 담고 있는 애플리케이션 이다. 그래서 타 디지털 애플리케이션 거래 사용자는 이미 인증이 되어 있는 경우가 많지만, 설치가 되어 있지 않은 경우 이를 반드시 설치해야 원활하게 거래를 할 수 있다.

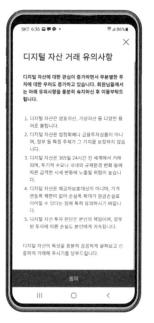

[그림 11-17] 업비트 설치 화면 12   [그림 11-18] 업비트 설치 화면 13

패스 화면에서 인증번호가 전송되면 상단 왼쪽에 문자로 수신된 인증번호를 집어넣고 [그림 11-18]처럼 '디지털자산 거래 유의사항'을 읽은 후 '동의'에 클릭한다.

이어서 [그림 11-19]와 같은 신분증을 준비해달라는 화면이 뜬다. 운전면허증이나 주민등록증을 준비한 후 촬영한다. 불빛이 너무 환한 장소는 신분증이 반사되거나 일부 글씨가 보이지 않을 수 있으므로 유의한다.

[그림 11-20]은 네이버에서 이더리움 가격을 검색한 화면이다. 네이버에 들어가서 '이더리움'을 검색하면 2022년 1월 8일 오후 3시 24분 기준, 이더리움 가격이 4대 거래소마다 다른 것을 볼 수 있다. 4대 거래소는 화면에서 보이는 대로 코인원, 업비트, 코빗, 빗썸이다. 앞서 언급한 것처럼 2021년 9월 24일 특금법 이후로 4대 거래소라는 단어 자체가 네 곳의 거래소를 지칭하는 단어로 사용되었

[그림 11-19] 업비트 설치 화면 14

[그림 11-20] 이더리움 가격 검색

다. 최근에는 2022년 3월 기준 고팍스가 선정되면서 국내 5대 거래소가 될 가능성이 높아졌다.

코인원에서 당시 이더리움 가격은 396만 원이고 등락률은 +0.20%이며 이는 15시 24분 기준 8,000원 상승한 가격이다. 업비트에서는 396만 1,000원이고 등락률은 +0.15%이며 역시 15시 24분 기준 6,000원 상승한 가격이다. 코빗은 가장 저렴한 395만 1,000원이고 등락률은 +0.13%이며 15시 23분 기준 5,000원 상승했다. 반면 빗썸은 395만 9,000원이고 등락률은 -0.35%이며 15시 23분 기준 1만 4,000원 하락했다.

이처럼 거래소마다 가격도 조금씩 차이가 나므로 두루 비교해서 살펴보는 것이 좋다. 자신이 주로 거래하는 은행이 농협이라면 코인원, 빗썸 중 선택하는 것을 권한다. 코빗은 신한은행과 거래하므로 신한은행 애플리케이션이 깔려 있다면 코빗을 다운로드하면 된다. 현재가 기준 코빗이 저렴하므로 조금 더 저렴하게 이용하고자 한다면 코빗에서 이더리움을 구입하면 된다. 참고로 현재 이 책에서 이용할 거래소는 업비트다.

업비트에서
이더리움 구매하기

업비트에서 이더리움 구입하기 🔍

　　다음은 구글 플레이스토어를 통해 업비트에 들어가서 이더리움을 구입하는 과정을 살펴볼 예정이다. 이렇게 구입한 이더리움은 13일차에 설명한 메타마스크 지갑에 옮기게 될 것이다. 이더리움을 구입하는 이유는 간단하다. 오픈시에서 작품을 민팅할 때, 그리고 작품을 구매할 때 이더리움을 수수료로 사용하기 때문이다.

　　업비트를 깔아놓았다면 바로 애플리케이션으로 이동하고 플레이스토어에서 찾고자 한다면 [그림 12-1]처럼 열기 화면을 누르면 된다.

　　업비트와 카카오톡이 연계되어 있어, 카카오톡으로 인증하는 절차를 진행해야 업비트에 로그인할 수 있다. [그림 12-2]처럼 인증 화면이 나오면 3분 내로 카카오톡 화면으로 이동해 카카오톡으로 전송된 인증번호를 입력해야 한다.

　　[그림 12-3]의 인증 화면을 통과하려면 [그림 12-2]처럼 업비트에서 카카오

[그림 12-1] 업비트 열기 화면   [그림 12-2] 카카오톡 인증 화면 1   [그림 12-3] 카카오톡 인증 화면 2

톡 인증을 해야 한다. 업비트 화면 대신 잠시 [그림 12-2]의 화면인 카카오톡으로 이동해 카카오톡에 전송된 6자리 인증번호 숫자를 입력한다.

업비트 화면을 잠시 내려둘 때 조심해야 할 사항이 있다. 만약 인증 화면에 나타난 숫자를 잘못 입력하거나, 제한시간 3분을 초과해버리는 문제가 생길 수 있는데 이럴 경우, 다시 처음부터 카카오톡 인증 절차를 진행하면 된다.

[그림 12-4]는 업비트 이벤트 알림 화면이다. 이벤트에 관심이 없다면 '다음에'를 클릭하고 넘어가도 된다. 만약 이벤트 내용을 알고 싶거나 참여를 원한다면 '동의하고 받기'를 누른다.

[그림 12-5]는 업비트 디지털 자산 거래에 관련된 유의사항 화면이다. 디지털 자산 거래에 관한 중요한 내용이 담겨 있으므로 내용을 꼼꼼하게 읽어본 뒤 확인 버튼을 누른다.

[그림 12-4] 업비트 이벤트 알림 화면

[그림 12-5] 업비트 디지털 자산 거래 유의사항 화면

[그림 12-6] 직장정보 추가 입력 화면

[그림 12-7] 이더리움 검색 화면

[그림 12-6]은 직장정보 추가입력 화면을 담고 있다. '정보 입력'을 누르고 직장정보 등을 입력한다.

[그림 12-7]은 이더리움 검색 화면이다. 하단 맨 왼쪽에서 '거래소'를 클릭하고 '이더리움'을 입력한다. 이 부분에서 이더리움을 기존에 구입해놓은 게 있다면 바로 메타마스크 지갑으로 이더리움을 이체하면 된다.

케이뱅크에서 업비트로 송금하기 🔍

이제 케이뱅크와 업비트를 연결해 이더리움을 구매해보자. 케이뱅크 애플리케이션을 열자.

[그림 12-8] 케이뱅크 열기 화면

[그림 12-9] 케이뱅크 잔액 화면

[그림 12-10] 케이뱅크 이체 화면   [그림 12-11] 케이뱅크 잔액 변화 화면

　[그림 12-8]은 케이뱅크를 구글 플레이스토어에서 검색한 화면이다. 만약 '케이뱅크 애플리케이션'이 깔려 있다면 스마트폰 바탕 화면에서 케이뱅크 애플리케이션을 클릭한다. [그림 12-9]는 케이뱅크 잔액 화면이다. 'My 입출금 통장'에 계좌번호가 나와 있고 잔액이 표시돼 있다.

　이때 [그림 12-9]에서 보듯 잔액이 너무 적다. 작품을 구입하기 위해서는 적어도 0.01ETH 이상이 필요한데 현재 잔액으로는 모자란다. 오픈시에서 작품을 구매하기 위해 20만 원 정도 이더리움을 구입해보자.

　[그림 12-10]은 케이뱅크로 원화를 입금하기 위해 은행이나 증권사를 선택하는 화면이다. 케이뱅크를 선택하고 잔액이 있는 통장에서 [그림 12-9]와 같이 계좌를 확인한 후 20만 원을 이체한다.

　[그림 12-11]을 보면 [그림 12-9]에서 보았던 잔액이 늘어나 있음을 알 수 있

[그림 12-12] 케이뱅크에서 업비트로 이체 화면   [그림 12-13] 업비트 원화 잔액 화면

다. 중간에 타행 이체 20만 원이 나와 있고 'My 입출금 통장 잔액'이 200,384원으로 늘어났다.

[그림 12-12]는 케이뱅크에서 업비트로 원화 20만 원을 이체하는 화면이다. 화면 중간에 가져오기, 이체하기 중에서 파란색으로 된 '이체하기'를 클릭하도록 한다. 특히 금액이 실제로 오고가는 만큼 이체하는 금액을 확인하고 기타 사항을 입력할 때 주의를 요한다. 금액이 커지면 커질수록 더욱더 주의해야 한다. 케이뱅크는 이체할 때 수수료 상한선이 거의 없다. 돈이 이동하는 것이니만큼 주의하자.

[그림 12-13]은 업비트 화면이다. 케이뱅크와 업비트를 동시에 오가야 한다. 케이뱅크 화면을 잠시 내려놓고 [그림 12-13]을 보면 총보유자산이 14만 1,948원으로, 기존에 구입해둔 이더리움이 있어서 약간의 잔액이 남아 있다. '전기통신금융사기 주의 안내'가 나오면 주의사항을 읽어본 다음 확인 버튼을 누른

[그림 12-14] 업비트 입출금 내역 화면   [그림 12-15] 업비트 원화 입금 화면

다. 그리고 화면 하단 4번째 '입출금'을 클릭한다.

[그림 12-14]는 업비트 입출금 내역을 확인할 수 있는 화면이다. 그림에서 하단 '입출금'을 클릭하면 현재 총보유금액이 '0'으로 나온다. 이 상태에서 파란색 '입금하기' 버튼을 클릭한다. 반대로 '출금하기'를 누르면 25만 6,377원이 출금된다. '입금하기' 버튼을 클릭하면 [그림 12-15]처럼 업비트에 원화를 얼마나 입금할지를 기입하는 칸이 나온다.

이곳에 입금할 금액을 적는데, [그림 12-15]처럼 케이뱅크에 20만 원이 있으므로 20만 원을 적자. 금액란에 200,000을 기입하고 하단에 있는 '입금신청' 버튼을 클릭한다. 화면 중간에 '입금 전 꼭 알아두세요!'라는 주의사항 역시 자세히 읽어본 다음 넘어가도록 하자.

[그림 12-16] 원화 입금신청 확인 화면 1   [그림 12-17] 원화 입금신청 확인 화면 2

[그림 12-15]가 완료되면 [그림 12-16]과 같이 'KRW 입금하기'가 나온다. 화면에서처럼 원화 입금신청 확인이 된 연계된 케이뱅크 계좌(여기서는 10******0161)와 동일한지 확인하면서 입금 안내 메시지도 확인한다. 입금이 완료되면 알람으로 '카카오페이 인증 요청이 도착했습니다'라고 카카오톡 메시지를 보내주기 때문에 입금 완료 후에는 카카오톡 메시지를 확인하도록 한다.

[그림 12-17] 화면 하단에 노란색 '카카오페이 인증하기'가 있는데 이곳을 클릭하도록 한다. 카카오페이 메시지를 확인하러 다시 카카오톡으로 이동한다.

[그림 12-18] 카카오페이 인증요청 화면   [그림 12-19] 이더리움 금액 변화 화면

[그림 12-18]을 보면 업비트 거래소에서 실행한 이체 승인이 완료되었다는 카카오톡 메시지가 전달되어 있다. 카카오페이에서 보낸 카카오톡 메시지를 확인해보자.

[그림 12-19]처럼 업비트로 이동해 화면 하단에 있는 입출금 부분을 클릭한다. 세부 내용을 보면 총 보유자산이 34만 8,226원이고 지금 업비트로 입금된 원화 금액은 20만 원이다. 총 보유자산은 기존에 있던 14만 8,226원까지 합한 금액을 말한다. 이제 바로 이더리움을 구입할 예정이니 거래소로 이동한다.

[그림 12-20] 금융사기 주의 안내 화면 　[그림 12-21] 거래소에서 이더리움 구입 전 화면

　　하단 왼쪽의 거래소를 클릭하면 [그림 12-20]처럼 거래소로 이동하면서 '금융사기 주의 안내'에 관한 문구가 뜨는 경우가 있다. 스마트폰 내 특정 애플리케이션이 업비트 거래소를 이용할 때 문제가 생기거나 충돌할 수 있다는 뜻이므로 이런 메시지가 나오면 관련 애플리케이션을 지운다. 탐지 애플리케이션이 없으면 [그림 12-20]과 같은 과정은 나오지 않으므로 바로 [그림 12-21]처럼 거래소에서 이더리움을 구매한다. 상단 돋보기에 '이더리움'을 입력한다.

　　그리고 거래소 화면에서 코인 명/단위, 즉 이더리움(ETH/KRW)을 확인한다.

[그림 12-22] 이더리움 구입 화면 1   [그림 12-23] 이더리움 구입 화면 2

[그림 12-22]를 보면 빨간색 '매수'를 클릭한 화면이 나온다. 이더리움을 구입할 것이기 때문에 '매수' 버튼을 클릭한다. 이때 동시에 진행해야 할 부분이 이더리움을 과연 얼마나 살 것이냐의 여부이다. [그림 12-22]를 다시 살피면 '가능 ▽'이 있는데 이 부분을 클릭하면 10%에서 최대 금액까지 구입 가능하다. 일단 '최대'를 클릭하고 주문 가능 원화 '200000KRW', '지정'을 클릭한 뒤 하단에 있는 '호가 주문'을 클릭한다. 반드시 구입할 이더리움 개수, 매수평균가, 매수, 지정 등을 클릭 후 이를 꼭 확인해야 원하는 금액만큼 이더리움을 구입할 수 있다.

[그림 12-24] 이더리움 매수주문 확인 화면　　　[그림 12-25] 이더리움 구입 후 입출금 화면

[그림 12-23]이 완료되면 바로 [그림 12-24]와 같이 이더리움 매수주문 확인 화면이 나온다. 그리고 각자가 구입한 이더리움 주문에 관한 설명이 나온다. 이더리움 주문은 '지정가 매수'이고 주문가격은 현재 이더리움 지정가(2022년 1월 13일 23시 36분 기준)인 개당 406만 원에 구입한 것이다. 주문 수량은 0.04923646ETH이고, 주문 총액은 수수료 제외한 19만 9,901원이다. 수수료로 99원 정도 지출이 된 셈이다.

[그림 12-25]를 보면 총 보유 수량이 0.0365000ETH인 것을 확인할 수 있다. 이는 기존에 구입해놓은 이더리움 금액이므로 [그림 12-25]의 그림처럼 이더리움 총액이 어떻게 변화되는지를 확인하고, 전체 과정이 잘 마무리되었는지도 확인한다.

메타마스크 설치 후 이더리움 송금하기

이더리움 지갑인 메타마스크를 설치하는 과정은 [그림 13-1]처럼 애플리케이션을 다운받으면 된다. 주의할 점은, 스마트폰과 컴퓨터를 번갈아 접속하는 과정을 반복해야 한다. 그러므로 두 기기를 동시에 놓고 진행한다.

[그림 13-1]처럼 메타마스크 지갑 설치를 위해 구글 플레이스토어나 앱스토어에서 '메타마스크'를 입력한 뒤 초록색 '설치'를 클릭한다. 이어서 '메타마스크'가 설치되면 초록색 '열기'를 클릭한다.

[그림 13-2]와 [그림 13-3]은 메타마스크 가입화면이다. 각각 스마트폰 버전과 PC 버전이다. 스마트폰에 '메타마스크 방문을 환영합니다'라는 문구를 확인한 다음 화면 하단의 '시작하기' 버튼을 누른다. PC 버전에서는 상단 오른쪽 '다운로드'를 클릭한다.

[그림 13-1] 메타마스크 설치 화면　　　　[그림 13-2] 메타마스크 가입화면 스마트폰 버전

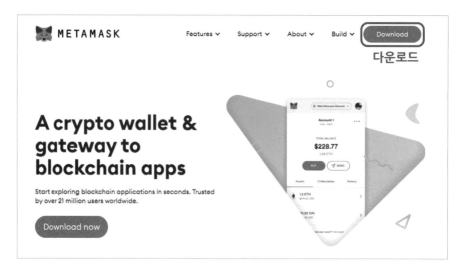

[그림 13-3] 메타마스크 사이트 PC 버전

[그림 13-4] 메타마스크 지갑 설정 화면

[그림 13-5] 메타마스크 암호생성 화면

[그림 13-4]는 메타마스크 지갑 설정 화면이다. 하단에 파란색 '새 지갑 생성'을 클릭하면 '메타마스크 개선에 참여'에 관한 주의사항이 뜬다. 하단 아래쪽 파란색 '동의함'을 클릭한다.

[그림 13-5]는 메타마스크 암호생성 화면이다. 암호 문구는 8자 이상의 영어, 숫자, 특수문자가 삽입된 문구로 하되, 어딘가에 꼭 메모하도록 한다. 나중에 잊어버리면 로그인할 때 어려움이 생기기 때문에 이를 미리 예방하자는 차원에서 메모를 권장한다. 현재는 샘플로 보여주기 위해 쉬운 숫자를 기록했지만 실제로는 좀 더 어려운 숫자와 영문을 사용하기를 권한다.

[그림 13-6] 지갑 보호하기 화면 1   [그림 13-7] 지갑 보호하기 화면 2

[그림 13-6]은 '지갑 보호하기' 화면이다. '계정 시드 구문'을 저장하는 방법에 관한 문구가 나온다. 이를 확인하고 하단에 파란색 '시작' 버튼을 클릭한다.

[그림 13-7] 역시 마찬가지로 지갑 보호하기 화면이 이어지는데 가운데 내용을 확인하고 파란색 '시작' 버튼을 클릭한다.

'지갑 보호하기' 중 리스크에 관한 부분을 보면 보안 레벨(Security Level)이 매우 강력하다는 것을 알 수 있다. 정보를 분실하거나 타인에게 지갑 정보를 주는 것이 아주 위험하다고 재차 강조한다.

[그림 13-8] 암호 확인 화면   [그림 13-9] 계정 시드 구문 기록 화면

[그림 13-8]은 다시 암호 확인을 요청하는 화면이다. 기존에 사용했던 암호를 다시 입력한다.

[그림 13-9]는 '계정 시드 구문 기록'을 할 예정이므로 메모지를 준비하거나 화면을 캡처하도록 한다.

가입 진행을 잠시 멈추고 메모지에 12개의 시드 구문을 메모하는 방법과 화면을 캡처한 후 자신의 스마트폰에 저장하는 방법 등 자신에게 맞는 방법을 선택한다. 이 구문을 저장하는 이유는 거래 안전성을 위해서인데 반드시 어딘가에 별도로 저장해야 안전하다.

[그림 13-10] 계정 시드 구문 입력 화면   [그림 13-11] 메타마스크 가입 완료 화면

[그림 13-10]은 '계정 시드 구문 기록'을 하는 화면이다. 12가지의 시드 구문이 번호와 함께 나열된다. 이를 번호와 함께 메모하는 방법과 화면 자체를 캡처하는 방법 등이 있다. 각자에게 편한 방법을 적용하면 되는데 캡처의 경우 편하기는 하지만 캡처가 안 되거나 삭제할 수도 있기 때문에 이를 따로 적어두도록 한다.

[그림 13-10]은 시드 구문을 앞에 순서대로 입력하는 화면이다. 순서대로 캡처한 단어를 보면서 하나씩 입력한다. 이 문구가 틀릴 경우 더 진행이 되지 않으므로 천천히 집중해서 입력한다. 번호와 구문이 일치하지 않으면 중간에 오류 메시지가 뜬다.

시드에 보이는 대로 12개의 단어를 순서대로 클릭해서 입력을 완료하면 [그림 13-11]처럼 '축하합니다'라는 메시지가 뜬다. 하단에 있는 '완료' 버튼을 누른다.

이제 메타마스크와 오픈시의 지갑을 연결해보자. 스마트폰 바탕화면에서 메타마스크를 클릭한다.

[그림 13-12] 메타마스크 지갑 설치 화면

[그림 13-13] 공개주소 클립보드 복사 화면

[그림 13-12]의 계정1(어카운트1)에 달러가 '0'으로 되어 있다. 아직 지갑에 이더리움이 들어오지 않았다는 의미다. 메타마스크 어카운트1이 제대로 설치된 것을 확인한 다음, 이더리움을 지갑으로 받아본다. 이더리움을 지갑으로 넣어야 우리가 이 지갑에 충전된 이더리움을 사용할 수 있기 때문이다. 화면 중간에 위치한 파란색 '받기'를 클릭하면 '결제를 받을 주소 스캔' 문구가 뜬다. 어카운트1 바로 밑에 하늘색 '0xA5...3966'을 클릭하면 '공개주소가 클립보드에 복사됨' 메시지가 뜬다.

[그림 13-14] 업비트 입출금 확인 화면   [그림 13-15] 이더리움 출금하기 화면

[그림 13-14]에서는 앞에서 복사한 공개주소를 메모장에 저장한 다음, 다시 업비트 화면으로 넘어간다. 업비트와 메타마스크를 번갈아서 오가기 때문에 업비트에서 로그아웃하지 말고 메타마스크에서도 로그아웃하지 않아야 한다. 로그아웃을 한 경우, 재로그인 시 시간이 초과되어 다시 처음부터 진행해야 하는 불편한 상황이 생긴다.

이제 업비트에 입출금된 이더리움을 확인할 수 있다. 하단에 4번째 '입출금'을 클릭하고 중간에 이더리움 금액의 변화를 보면 된다. 현재 이더리움이 0.08573646ETH만큼 있고 이는 35만 1,862원이 있다고 이해하면 된다.

[그림 13-16] 이더리움 일반 출금하기 화면 1   [그림 13-17] 이더리움 일반 출금하기 화면 2

이제 이더리움을 출금해서 메타마스크 지갑으로 보내야 한다. [그림 13-15]와 [그림 13-16]은 이더리움 출금 화면이다. '출금하기' 버튼을 누르고 '일반 출금'을 클릭하고 출금 가능 금액인 0.06773646ETH를 확인한다. 출금 한도는 50억원이다. 출금 한도는 최대 금액이므로 자신이 지정하기 나름이다. 일단 최대 금액을 지정해두어도 상관없다. 하단에는 수수료가 표기되어 있는데 부가세 포함 0.018ETH이다. 이를 확인하고 이어서 다음 화면으로 넘어간다.

[그림 13-17]처럼 출금 가능한 금액 전부를 보낼 것이므로 출금 가능 수량인 0.06773646ETH를 출금 수량 칸에 똑같이 적도록 한다. 그리고 전부를 출금하는 것이므로 '최대'를 클릭하고 하단의 '확인' 버튼을 클릭한다.

[그림 13-18] 이더리움 일반 출금하기 화면 3   [그림 13-19] 이더리움 일반 출금하기 화면 4

[그림 13-18]에는 현재 이더리움이 0.08573646ETH 있고 이는 한화로 351,862KRW 있다고 이해하면 된다고 했는데 금액이 다르다고 의아해할 수 있다. 이는 업비트의 정책과 관련이 있다. 업비트로 당일 입금한 원화를 업비트 내부 정책에 의해 당일 100%를 찾지 못하게 해놓았기 때문에 전부를 당일 출금할 수는 없다고 이해하면 된다. 출금 방식, 출금 수량을 반드시 확인하고 다음 화면으로 넘어간다. 일반 출금, 출금 수량 등을 반드시 확인하고 '출금 유의사항을 확인했습니다'에 체크한 후 [그림 13-20]과 같이 메타마스크로 이동한다.

[그림 13-20] 메타마스크 이동 화면 　　[그림 13-21] 메타마스크 지갑 공개주소 복사 화면

[그림 13-20]는 메타마스크로 다시 이동한 화면이다. 업비트에서 작업을 하는 동안 메타마스크가 로그아웃 되었다면 다시 로그인해서 앞에서 진행했던 작업을 다시 반복한다.

[그림 13-21]처럼 가운데 있는 '0xA5...3966' 주소를 클릭하고 이를 복사한다. 이 과정이 번거로우면 주소를 복사해서 카카오톡 메시지로 보내놓고 카카오톡 메시지에서 복사해도 된다.

가운데 체크 표시를 보면 '공개 주소가 클립 보드에 복사됨' 문구가 뜬다. 이를 클릭한 후 잠시 기다렸다가 [그림 13-22] 업비트 화면으로 이동하여 붙여넣기를 해야 한다.

[그림 13-22] 업비트에서 이더리움 출금하기 [그림 13-23] 이더리움 출금 시 주의사항 확인 화면

[그림 13-22]는 업비트로 이동한 화면이다.

[그림 13-23]에서 메타마스크 계좌를 제대로 복사했는지 앞번호와 뒷번호를 반드시 확인하고, 출금 주소 칸에 복사한 주소를 붙여넣는다. 이어서 주의사항 안내 문구를 확인한다. 해당 사항이 없으면 파란색 '아니오'를 선택한다.

해당 사항에 관한 내용은 '검찰, 경찰, 금융감독원으로부터의 이체 요청이 있었는지'와 '가족과 친인척 등에 의한 이체 요청' 등의 여부를 확인하는 내용이다. 신용대출에 관련한 이체 요청, 구매 대행 등 위험할 수 있는 상황을 고지한 내용이므로 해당사항을 반드시 숙지하도록 한다.

[그림 13-24] 이더리움 출금신청 확인 화면　　　[그림 13-25] 출금 카톡메시지 발송 화면

[그림 13-24]와 같이 이더리움 출금 신청을 확인하는 화면을 확인할 수 있다. 출금 계좌와 출금 수량 등을 확인 후 하단에 '카카오페이 인증하기'를 클릭한다.

[그림 13-25]에서는 카카오페이 인증하기를 클릭한 후 '출금 안내' 메시지가 뜬다. 이 인증 절차가 맞다면 이를 '확인'한다.

출금 안내 문구는 이더리움이 출금된 이후에 카카오톡으로 메시지가 제대로 전송되었는지 확인하는 단계다. 카카오톡으로 한 번 더 거래 확인을 받아 안전성을 확보하기 위한 것이라고 할 수 있다.

[그림 13-26] 카카오페이 인증 카카오톡 화면 1   [그림 13-27] 카카오페이 인증 카카오톡 화면 2

[그림 13-26]은 업비트에서 출금된 이더리움이 제대로 입금됐는지를 확인하는 단계이다. 카카오톡 메시지로 이동한다. 출금 자산과 출금 주소를 확인하고 하단에 '확인하기'를 클릭한다.

[그림 13-27]처럼 '인증이 완료되었습니다' 문구가 뜨고 이에 대한 하단에 '내역 보기'를 클릭하면 지금까지 진행한 내용이 나온다. 이를 확인한다.

[그림 13-28] 메타마스크 재방문 화면   [그림 13-29] 메타마스크 이더리움 입금 화면

[그림 13-28]처럼 메타마스크 암호를 다시 입력하고 로그인한다.

[그림 13-29]는 업비트에서 전송한 이더리움이 메타마스크에 입금된 화면이다. '0'이었던 이더리움이 전송되어 228.19달러로 금액이 늘어났으며 0.06774ETH로 이더리움이 늘어난 것을 확인할 수 있다. 이 거래를 보려면 탭을 눌러본다.

'확인하기' 버튼을 누르면 거래에 대한 더 상세한 메시지가 뜨는 것을 확인할 수 있다. 거래 날짜와 이더리움 금액을 다시 한 번 확인하도록 한다.

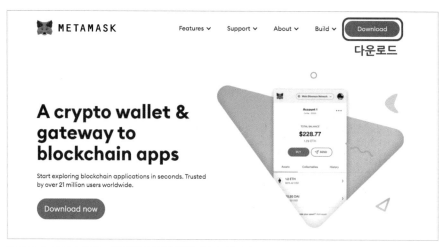

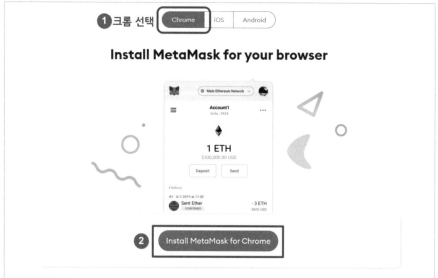

[그림 13-30] 메타마스크 PC 다운로드 화면 1
[그림 13-31] 메타마스크 PC 다운로드 화면 2

[그림 13-30]처럼 PC 상단 오른쪽 메타마스크 다운로드를 클릭한다.

이후 [그림 13-31]처럼 '크롬'을 선택한 후 메타마스크 크롬 설치(Install MetaMask for Chrome) 버튼을 누른다.

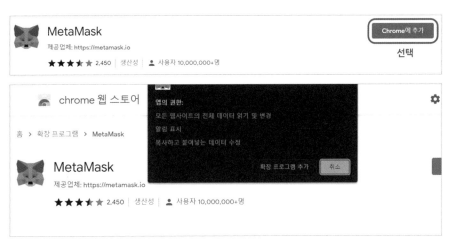

[그림 13-32] 메타마스크 PC 다운로드 화면 3
[그림 13-33] 메타마스크 PC 다운로드 화면 4
[그림 13-34] 메타마스크 스마트폰 로그인 화면

이제 [그림 13-32] 화면이 나오면 오른쪽 크롬 추가 버튼을 눌러 크롬에 메타
마스크를 설치한다.

[그림 13-33]에서 '확장 프로그램 추가'를 선택한다. 이 과정이 제대로 되어
야 다음 단계로 넘어갈 수 있으며, PC에 메타마스크를 다운받을 수 있다.

[그림 13-34]처럼 스마트폰으로 메타마스크에 로그인한다.

[그림 13-35] 스마트폰 PC 동기화 화면

이제 스마트폰과 PC, 두 기기를 동기화해보자. [그림 13-35]와 같이 스마트폰 오른쪽 상단 카메라 모양을 클릭한다.

[그림 13-36]은 메타마스크 스마트폰과 컴퓨터 지갑을 (스마트폰과 컴퓨터 기기 간) 상호 연동하기 위한 작업 화면이다. 이 작업을 '기기 간의 상호 연동' 또는 '동기화'라 칭한다. 동기화를 하는 이유는 다음과 같다. 스마트폰의 경우, 메타마스크 지갑이 구글 플레이스토어에서 다운로드 되어 있고 컴퓨터에서는 다운로드가 안 되어 있다(컴퓨터에서 메타마스크 지갑을 다운로드할 필요는 없다). 그렇기 때문에 스마트폰과 컴퓨터 두 기기를 일치시키는 작업을 해야만 오픈시에서 작품을 업로드할 수 있기 때문이다.

[그림 13-36] 스마트폰(왼쪽), PC(오른쪽) 메타마스크 동기화 화면

다시 [그림 13-36]을 보자. PC 화면 상단 오른쪽에 카메라 모양의 렌즈가 보이면 (일단은 이 작업을 하면서 동시에 컴퓨터로 오픈시에 로그인을 한다. 이 작업은 동시에 이루어지는 작업이므로 반드시 스마트폰과 컴퓨터, 두 대의 기기를 동시에 접속하도록 해야 한다) 화면에 가까이 스마트폰을 가져다 댄다. 이 상태로 몇 초 두면 스마트폰과 PC가 연결된다. 동기화가 된 것이다. 동기화가 되었으면 이제 지갑을 연결한다.

동기화가 완료되면 PC 화면이 메타마스크 지갑 화면으로 이동한다. [그림 13-37]처럼 메타마스크 지갑 연결 화면이 나오면 지갑을 클릭하고 그다음 [그림 13-38]처럼 '메타마스크'를 선택한다.

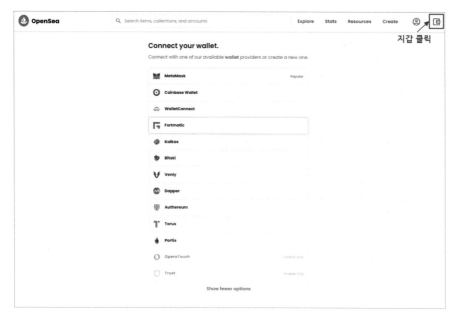

[그림 13-37] 메타마스크 지갑 연결 화면 1

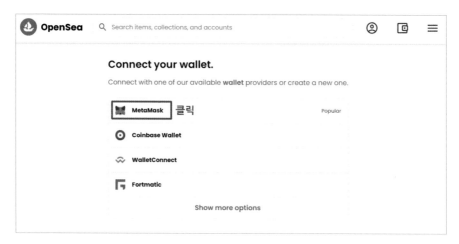

[그림 13-38] 메타마스크 지갑 연결 화면 2

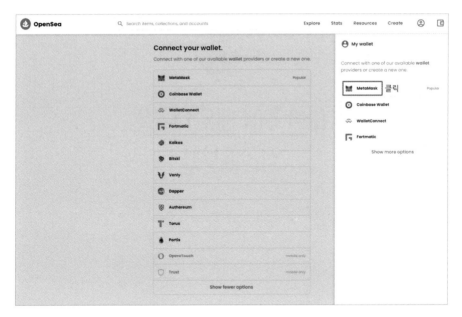

[그림 13-39] 메타마스크 지갑 연결 화면 3

[그림 13-37]처럼 오른쪽 상단 지갑 모양을 클릭한다. 그리고 '메타마스크'
를 클릭한다. 이제 연결이 완료되었다.

이번 주에 배운 내용을
정리해보자

- NFT를 사고팔 수 있는 해외의 마켓플레이스로는 오픈시와 라리블 등이 있으며, 오픈시는 대체 가능 토큰을 비롯해 다양한 게임 아이템을 거래할 수 있는 사이트를 운영하는 회사다. 라리블은 NFT로 디지털 예술작품의 소유권을 만들고 판매, 구매가 가능하도록 한 플랫폼이다.

- 국내 NFT 거래소로는 클립 드롭스와 캔버스 등이 있다. 클립 드롭스는 전통적인 회화, 조각, 미디어 아트 등 각 분야의 대표 작가부터 서브컬처 영역에서 활동하는 크리에이터까지 다양한 아티스트를 소개하는 한정판 디지털 아트 마켓플레이스이며, 캔버스는 영남일보가 네이처아이와 합작해 만든 NFT 마켓플레이스다.

- 업비트는 한국에서 가장 많은 암호화폐를 거래할 수 있는 거래소이며 카카오톡과 연동되어 있다. 케이뱅크와의 서비스 제휴로 원화로 입금이 가능하다. 즉, 원화로 바로 이더리움을 살 수 있다.

- 케이뱅크에 원화를 입금한 다음, 이를 업비트와 연동하면 케이뱅크의 원화를 업비트로 옮

겨 이더리움을 구매할 수 있다. 다만 카카오톡이 연동되어 있어야 이 모든 과정을 수월하게 진행할 수 있다.

● NFT를 구매하기 위해서는 NFT 구매가 가능한 마켓플레이스인 오픈시와, 이 오픈시에 연동된 지갑인 메타마스크가 필요하다. 따라서 메타마스크에 가입해서 오픈시 계정과 연동하되, 스마트폰과 PC를 동시에 켜고 진행해야 한 개의 계좌로 진행할 수 있다.

● 국내 NFT 마켓플레이스인 클립 드롭스에서도 NFT를 구매할 수 있다. 이곳에서는 클레이(KLAY) 암호화폐로 작품을 구매할 수 있다. 1클레이는 2022년 5월 기준으로 약 550원 정도다.

week

3

NFT 민팅하고
수익 내기

오픈시 민팅하기

라리블 민팅하기

CCCV 민팅하기

NFT로 수익 창출하기

NFT 커뮤니티, 디스코드 가입하기

디스코드에서 NFT 검색하기

오픈시
민팅하기

오픈시 프로필 설정하기 🔍

[그림 15-1]과 같이 오픈시 웹사이트(opensea.io)에 접속해 컴퓨터 오른쪽 상단에 위치한 프로필(Profile)을 선택한다.

[그림 15-2]와 같이 로그인(Sign In) 버튼을 클릭하면 연동된 메타마스크가 등장한다. 로그인을 한 다음 계정 정보(Accounting Settings)를 선택한다.

[그림 15-3]은 기본 계정에 대한 정보를 정리하는 부분이다. 이를 기본 계정 설정(General Setting)이라고 한다. 여기에서는 사용자 이름(Username)을 입력할 수 있다. 꼭 실명이 아니어도 되니 작가명이나 실명, 별명, 작업하고 있는 프로젝트 이름을 사용하면 된다. 이메일 주소를 입력한 뒤, 연결되는 링크 주소에는 트위터, 디스코드, 블로그 등 활성화된 소셜미디어나 커뮤니티 주소를 적는다. 마지막으로 지갑 주소를 메타마스크에서 복사해 붙여넣는다.

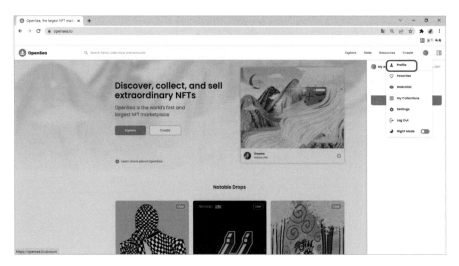

[그림 15-1] 오픈시 프로필 설정 1

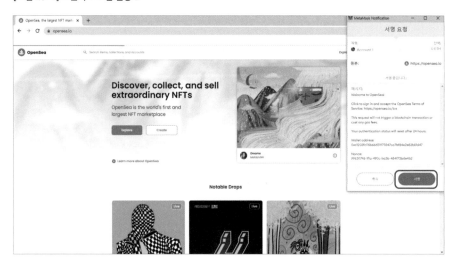

[그림 15-2] 오픈시 프로필 설정 2

하루 30분 30일 완성 NFT 크리에이터

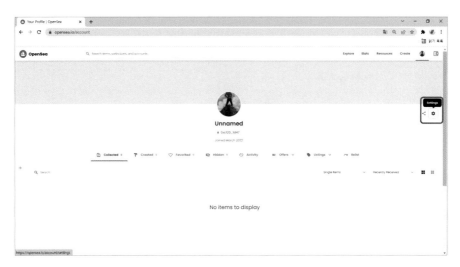

[그림 15-3] 오픈시 프로필 설정 3

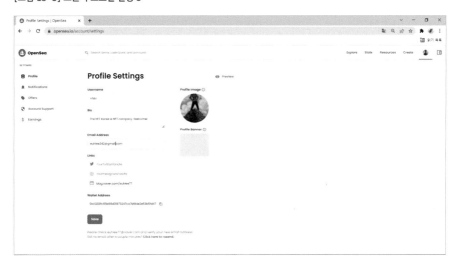

[그림 15-4] 오픈시 프로필 설정 4

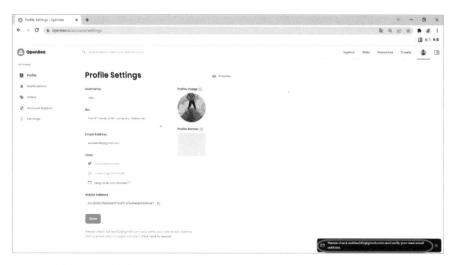

[그림 15-5] 오픈시 프로필 설정 5

[그림 15-3]부터 [그림 15-5]까지 순서대로 내용을 입력하고 저장(Save) 버튼을 클릭하면 오른쪽 하단에 이메일을 확인하라는 메시지가 나온다. 다시 이메일 내용을 회신하고 오픈시 화면으로 돌아온다.

오픈시 새 아이템 창작하기

오른쪽 상단의 만들기(Create) 버튼을 클릭하면 [그림 15-6]과 같은 화면이 나온다. 이곳에 '새 아이템'을 만들 계획이므로 새 아이템 만들기(Create New Item) 버튼을 누른다. 세부 이미지(Image) 파일은 비디오, 오디오, 또는 3D 모델 모두 가능하고 확장자 역시 JPG, PNG, GIF, SVG 중에서 선택한다. 오디오의 경우 MP4, MP3 등이 가능하다. 참고로 비플의 작품은 JPG 파일로 업로드되었다. 오픈시 거래량 중에 상위 파일은 대부분 GIF 파일이었으므로 GIF 파일도 사용하는 것을

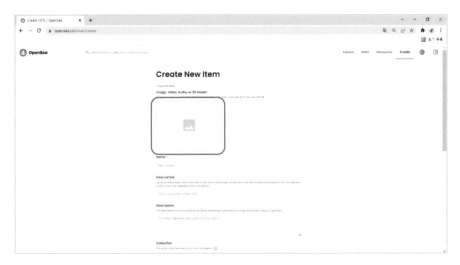

[그림 15-6] 새 아이템 창작하기 1

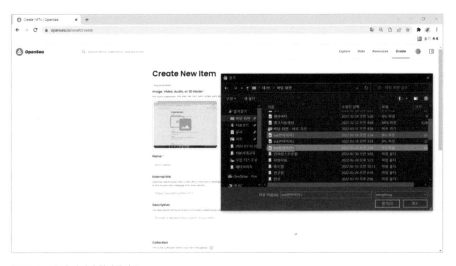

[그림 15-7] 새 아이템 창작하기 2

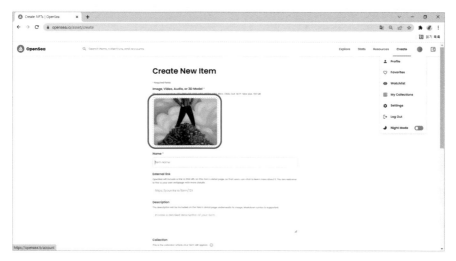

[그림 15-8] 새 아이템 창작하기 3

고려해보자. 참고로 파일을 업로드할 때, 최대 사이즈가 100MB를 넘지 않도록 주의한다.

[그림 15-5]에서부터 [그림 15-8]까지 순서대로 진행한 후 바탕화면에 저장한 이미지를 불러온다. 그 이미지가 저장되면 [그림 15-8]처럼 바뀐다. 이름 (Name) 부분에는 개인의 프로젝트 제목이나 실명 또는 혹은 회사명을 입력한다. 연결 가능한 외부 링크(External Link)에는 작품이나 개인적 설명을 덧붙여 소개할 수 있는 트위터, 디스코드, 블로그, 인스타그램 주소 등을 입력한다. 컬렉션 설명 (Description)에는 새 아이템에 관한 상세한 설명을 덧붙인다. 컬렉션(Collection)에 는 시리즈로 기획할 컬렉션 내용 등을 덧붙인다.

개인 컬렉션을 만든 다음 작품 업로드하기 🔍

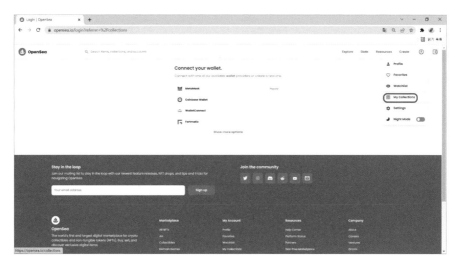

[그림 15-9] 개인 컬렉션 창작하기 1

[그림 15-9]와 같이 오른쪽 상단 개인 컬렉션(My Collections)을 선택한 다음 파란색의 만들기(Create)를 클릭한다. 메타마스크 지갑이 활성화되면 로그인한다.

이제 이미 만들어둔 개인 컬렉션을 업로드하는 작업을 해야 한다. 작품 이미지는 본인의 창작품이어야 한다. 일러스트나 영상도 가능하지만 사진 등도 가능하니 편한 것으로 작업해본다. 다시 메타마스크 지갑에 비밀번호를 입력하라는 문구가 뜨면 입력한다.

[그림 15-10] 개인 컬렉션 창작하기 2

이후 [그림 15-10]과 같이 컬렉션 만들기(Create A Collection) 버튼을 선택한다. 특히 로고 이미지(Logo Image)는 350×350 픽셀 사이즈를 넘지 않도록 주의한다. 메인 사진(Featured Image)은 600×400 픽셀 사이즈를 넘지 않도록 주의한다. 보유한 이미지가 너무 크다면 이미지 편집 사이트에 들어가서 크기를 미리 조절해두면 편리하다.

이미지 편집 사이트는 각자가 선호하는 것을 사용하면 된다. 다양한 유형의 디자인을 원한다면 캔바 사이트를 추천한다. 'www.canva.com'를 주소창에 입력하거나, 검색창에 '캔바'를 입력해 찾아도 된다. 캔바에서 각자의 작품이나 사진 등을 편집해 사용하면 편리하다.

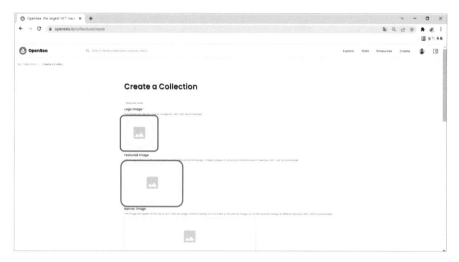

[그림 15-11] 개인 컬렉션 창작하기 3

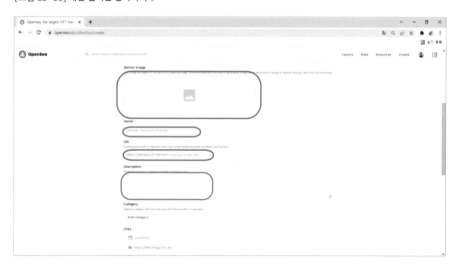

[그림 15-12] 개인 컬렉션 창작하기 4

[그림 15-11]과 같이 배너 이미지(Banner Image)는 1400×400 픽셀 사이즈를 넘기지 않도록 한다. 그 외 이름(Name)에는 작품 이름을 반드시 영문으로 적는다. 설명(Description)에는 작품을 제작하게 된 이유와 창작 배경 등을 영문으로 자세하게 작성한다.

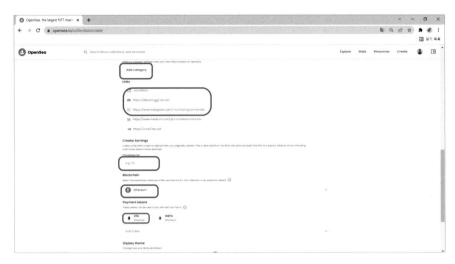

[그림 15-13] 개인 컬렉션 창작하기 5

[그림 15-13]의 카테고리 추가하기(Add Category)에는 추가하고 싶은 작품 분야를 입력한다. 링크(Links)에는 자신을 잘 드러낼 수 있는 추가 정보로 트위터, 디스코드, 인스타그램, 블로그 주소 등을 입력한다. 창작자 수익(Creator Earnings) 중 수수료 비율(Percentage Fee)은 보통 2.5% 정도로 책정한다. 마지막으로 지불 가능한 코인(Payment Tokens)은 이더리움인 ETH로 설정한다. 모든 과정을 마무리하면 저장한다.

특히 자신을 드러낼 만한 소셜미디어 링크에는 홍보에 도움이 될 만한 사이트를 올리도록 한다. NFT 작품 활동에 있어서는 트위터나 디스코드, 인스타그램 등을 추천한다.

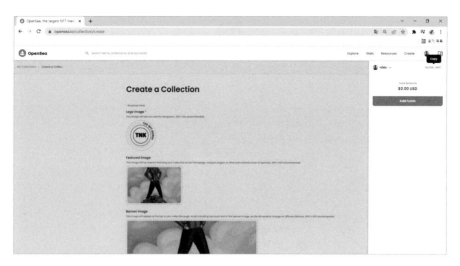

[그림 15-14] 개인 컬렉션 창작하기 6

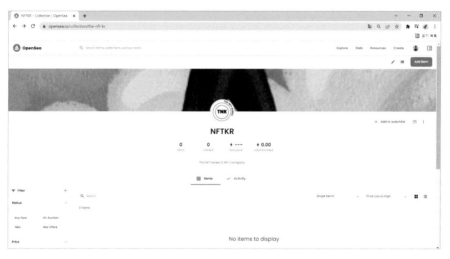

[그림 15-15] 개인 컬렉션 창작하기 7

[그림 15-14]와 같이 순서대로 컬렉션 만들기(Create a Collection)에서 내 상점 만들기가 완료된 것을 확인할 수 있다. 마지막으로 오른쪽 상단 로고를 클릭하면 내 상점 로고가 보인다.

오픈시 최종 민팅하기

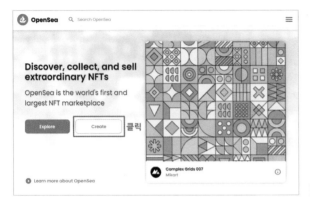

[그림 15-16] 오픈시 민팅하기 1

[그림 15-17] 오픈시 민팅하기 2

작품 민팅을 하기 위해 만들기(Create) 버튼을 클릭한다. 이후 메타마스크 지갑
도 로그인한다.

민팅할 작품을 찾아 업로드한다. 순서대로 이름(Name)에는 작품명을 적는다.
최근에는 트위터나 소셜 네트워크 중심으로 NFT를 함께 탐색하고 공동 구매를
하기도 하는 경우도 있는 만큼 검색에서 쉽게 확인할 수 있고 상위에 노출되는
이름을 기입한다.

[그림 15-18] 오픈시 민팅하기 3

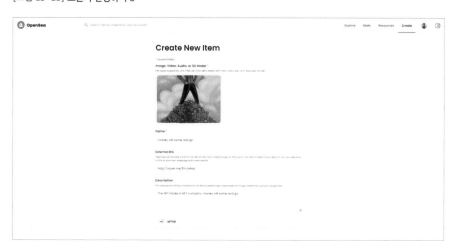

[그림 15-19] 오픈시 민팅하기 4

외부 링크(External Link)에는 자신의 소셜미디어 중 트위터, 블로그, 인스타그램, 페이스북 등 활성화가 잘되어 있는 링크를 적는다. 설명(Descriptions)은 NFT 작품에 관한 상세 설명을 적어두는 곳이다. 이곳은 영문 단어 기준으로 1,000자 이내(0 of 1000 Characters Used)까지만 작성할 수 있다. 작품 스토리와 작품 창작 배경 등을 상세하게 적어야 하므로 유의해서 구문을 작성한다.

[그림 15-20] 오픈시 민팅하기 5

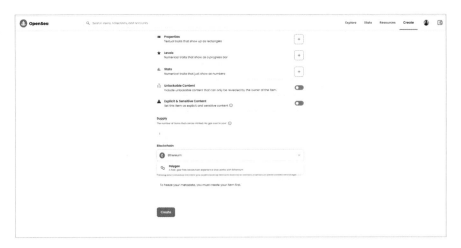

[그림 15-21] 오픈시 민팅하기 6

이제 개인 컬렉션(My Collection)에 저장한 작품을 선택한다. 나머지에 해당하는 부분은 추가로 기입할 사항이 없다면 무시해도 된다. 레벨(Levels), 통계(Stats), 열 수 없는 내용(Unlockable Contents) 중 해당 사항이 있다면 관련 내용을 입력한다. 그중 '열 수 없는 내용'은 작품을 구체적으로 설명하기 위해 표기하는 항목으로 말 그대로 제작자 자신만 볼 수 있는 화면이다.

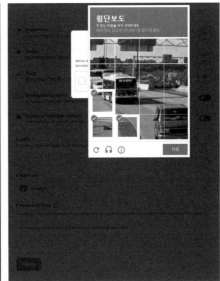

[그림 15-22] 오픈시 민팅하기 7 　　　　[그림 15-23] 오픈시 민팅하기 8

　공급(Supply) 항목은 NFT 발행 개수(발행할 수 있는 화면 수)를 뜻한다. NFT 발행 개수가 1개든 5개든 가스비 지출은 동일하므로 자신이 발행하려고 하는 NFT 개수를 미리 생각해서 발행한다. 마지막으로 거래 가능한 코인으로 이더리움을 선택한 다음 만들기(Create) 버튼을 클릭한다.

　[그림 15-22]처럼 거의 끝났음(Almost Done) 항목을 확인하면 거의 다 된 것이다. 이 항목은 2022년 2월 오픈시 해킹 사건 이후로 변경된 것인데, 보안 단계가 더욱 업그레이드면서 이 항목이 추가되었다. 이 경우 '로봇이 아닙니다'에 체크한다. 그러면 [그림 15-23]처럼 두 가지 질문이 연속되어 나온다. 질문은 매번 다르게 제시되고 이 경우에는 화면에서 보이듯이 '횡단보도' 질문에 해당하는 사진 부분을 클릭하고 '다음'으로 넘어간다.

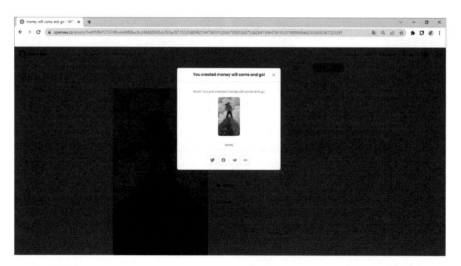

[그림 15-24] 오픈시 민팅하기 9

[그림 15-25] 오픈시 민팅하기 10

[그림 15-26] 오픈시 민팅하기 11

[그림 15-24]처럼 이해를 돕기 위해 작품을 하나 업로드했다. 마지막으로 화면 하단에 트위터, 페이스북, 인스타그램 중 연결할 소셜미디어 한곳을 선택한다. 이 경우에는 페이스북을 선택했는데, 관련 NFT에 대한 추가 내용을 적은 다음 공유 버튼을 누른다.

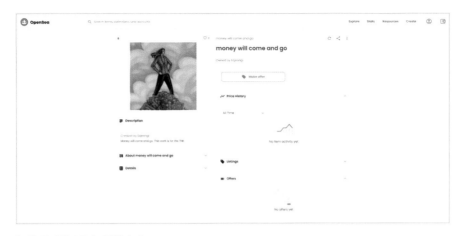

[그림 15-27] 오픈시 민팅하기 12

[그림 15-26]처럼 판매(Sell)를 선택하면 메타마스크 지갑이 연동되면서 자신의 작품이 최종 민팅된다. 이제 오픈시 사이트에서 로그아웃한 뒤에 다시 로그인해 제대로 되어 있는지 확인한다. 그리고 민팅된 작품 하단 화면을 드래그해 살펴보자. 제작(Minted)되었다는 내용을 다시 한 번 확인할 수 있다. 오픈시 지갑에 한 번만 연결이 되면 판매자와 구매자의 입장에서 이 모든 과정을 손쉽게 해결할 수 있다.

이제 [그림 15-27]처럼 작품이 최종 업로드된 것을 확인할 수 있다. 오픈시 주소 뒤에 창작자 이름을 넣어 검색하거나, 제목 등으로 검색해 작품 노출 여부를 확인한다.

오픈시 민팅 시 주의사항

만약 10개의 NFT 복사본을 만든 다음 개별적으로 판매하고 싶다면 어떻게 해야 할까? 이때는 개수 항목인 개수(Quantity) 부분에 1을 입력하고 개당 가격(Price per Item)에 원하는 가격을 적는다. 이를 잘못 이해해서 개수 항목에 10을 입력하면 개당 가격에 혼란이 오기 때문에 10개의 카피본이라는 사실을 꼭 기억하고 개당 가격이라는 점도 꼭 기억해둔다.

잠긴 창을 오픈할 때 주의사항

민팅을 끝내고 나서 잠긴 창을 오픈할 때 주의할 점이 하나 더 있다. 주소창에 〈/?enable_supply=true〉를 입력해 그 내용을 별도로 확인하자. 앞의 주소가 있어야 잠긴 창이 열리는데, 한번 창이 잠기면 풀어내기 어렵다. 이후 등장하는 컬렉션 매니저(Collection Manager)를 화면상에서 입력한다. 새 아이템 만들기(Create New Item) 입력란에서 앞에서도 강조한 이미지 올리는 형식을 확인할 수 있다. 이미지, 비디오, 오디오, 또는 3D 모델(3D Model)을 올릴 수 있는데 파일 확장자는 JPG, PNG, GIF, SVG 중에서 파일의 성격을 파악한 후 맞는 타입을 입력하면 된다. 이제 모든 과정이 마무리되었다. 오픈시에서 민팅 과정이 끝난 것이다.

라리블
민팅하기

라리블 지갑 연결하기

라리블에서도 무료로 NFT를 쉽게 만들 수 있다. 그 과정을 하나씩 따라가보자.

우선 스마트폰에 라리블을 설치한다. 앱스토어나 구글 플레이스토어에서 '라리블'을 검색하고 다음 순서대로 설치한다.

[그림 16-1]은 스마트폰에 설치된 라리블을 열면서 라리블 위젯(Rarible Widgets)을 설정하는 화면이다. 하단 아래에 있는 '놀라운 시도(Awesome)' 항목을 클릭해 안내 화면을 읽은 다음 넘긴다. 지갑이 연결되기 전에 안내 사항 등을 읽어보고 지갑 연결(Wallet Connect)을 클릭한다.

[그림 16-4]처럼 지갑을 연결하면 하단에 연결 프로그램을 선택하라는 문구가 뜬다. 이때 자신의 스마트폰에 연결된 지갑이 연결 프로그램을 통해 뜨게 된다. 오픈시와 동일하게 메타마스크 지갑을 사용할 것이므로 메타마스크를 선택

[그림 16-1] 지갑 위젯 설치 화면 1　　[그림 16-2] 지갑 위젯 설치 화면 2　　[그림 16-3] 지갑 위젯 설치 화면 3

한다. 기존에 메타마스크에 로그인되어 있었다면 '재방문을 환영합니다' 문구가
뜬다. 암호를 입력하고 로그인한다.

　[그림 16-6]과 같이 암호를 입력하고 지갑 계정을 선택하도록 묻는 화면이
나온다. 계정1(Account1)을 선택하고 하단 파란색 '연결'을 클릭한다. 오른쪽 화면
을 보면 '라리블 안드로이드 애플리케이션'에 연결되었다는 메시지가 뜬다. 브라
우저로 돌아가기를 클릭한다.

　이는 메타마스크 지갑 연결이 원활하게 작동되도록 하는 작업이다. 오픈시에
서 메타마스크 지갑을 이미 연결해두었다면 바로 연결 가능하다. 메타마스크 지
갑 연결을 완료한 후 그다음 단계로 진행하기 위해 라리블 메인 화면으로 돌아가
야 한다.

[그림 16-4] 라리블과 지갑 연결 화면 1

[그림 16-5] 라리블과 지갑 연결 화면 2

[그림 16-6] 라리블과 지갑 연결 화면 3

[그림 16-7] 라리블과 지갑 연결 화면 4

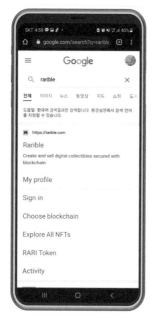

[그림 16-8] 스마트폰 라리블 로그인 화면 1

[그림 16-9] 스마트폰 라리블 로그인 화면 2

[그림 16-10] 스마트폰 라리블 화면 1

[그림 16-11] 스마트폰 라리블 화면 2

[그림 16-12] 라리블 로그인, 지갑 설치 화면 1   [그림 16-13] 라리블 로그인, 지갑 설치 화면 2

[그림 16-8]처럼 스마트폰에서 라리블(Rarible)을 영문으로 검색해 사이트에 접속한 다음 화면 하단에 위치한 '한국어' 항목을 선택한다.

[그림 16-10]처럼 오른쪽 상단 점 세 개를 클릭하면 배너가 나온다. 배너를 보면 프로필, 작업 활동 등의 내용이 나온다. 차후에 필요한 항목과 라리블에서 익혀야 할 내용이므로 순서대로 클릭하고 확인한다. '탐구하다' 항목을 클릭하면 라리블에 올라온 그림들이 화면에 보인다.

[그림 16-12]처럼 화면 상단에 있는 라리블 로고를 확인하면 라리블에 로그인하라는 메시지가 뜬다. 다시 지갑을 설치하라고 하는데, 이는 앞서 라리블을 플레이스토어에서 설치할 때 완료되지 않은 기능이 있기 때문이다. '메타마스크 설치'를 선택하고 다음 단계를 진행한다.

[그림 16-14] 안드로이드용 메타마스크 설치 화면 1　　[그림 16-15] 안드로이드용 메타마스크 설치 화면 2

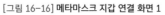

[그림 16-16] 메타마스크 지갑 연결 화면 1　　[그림 16-17] 메타마스크 지갑 연결 화면 2

[그림 16-14]처럼 안드로이드용 메타마스크 설치 화면이 나온다. 기계적인 호환 부분이 완전히 완료되지 않았으므로 나오는 메시지다. 하단 '안드로이드용 메타마스크 설치'를 선택하고 연결 프로그램으로 '메타마스크', '한 번만'을 각각 선택한다.

[그림 16-16]처럼 계정1 화면이 나오고 중간에 '딥링크는 지원되지 않음'이라는 메시지가 뜬다. 'OK'를 클릭하면 라리블 홈페이지 화면이 나온다. 이제 PC 버전 라리블을 설치해야 한다.

데스크톱에 라리블 설치하기

[그림 16-18] 데스크톱 라리블 설치 화면 1

[그림 16-18]은 데스크톱에서 보는 라리블 PC 버전이다. 오른쪽 화면 상단에 있는 만들기(Create) 버튼을 클릭한다. 이어서 '블록체인 선택'에서 이더리움을 선택

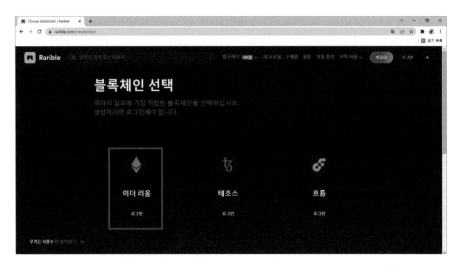

[그림 16-19] 데스크톱 라리블 설치 화면 2

[그림 16-20] 이더리움 지갑 로그인 화면 1

한다.

　[그림 16-20]은 '이더리움 지갑으로 로그인'하는 단계다. 파란색 '메타마스크 로그인'을 클릭하고 메타마스크 지갑으로 들어간다. 곧이어 '시작하기'를 클릭한다.

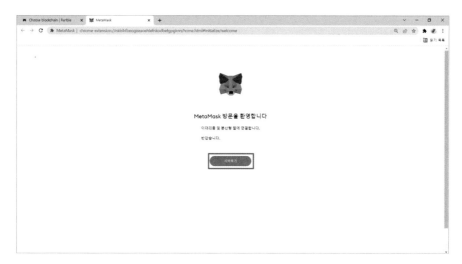

[그림 16-21] 이더리움 지갑 로그인 화면 2

'메타마스크 방문을 환영합니다'라는 메시지가 뜨면 오픈시와 같은 방식으로 진행한다. 오픈시에서 메타마스크 지갑이 이미 호환되어 있다면 이 부분은 과감히 지나가도 무방하다. 하지만 라리블로 처음 민팅을 하는 사용자라면 메타마스크 지갑 연결을 위해 이 과정을 진행해볼 것을 권한다.

[그림 16-22] 메타마스크 지갑 설정 화면 1

[그림 16-23] 메타마스크 지갑 설정 화면 2

[그림 16-22]와 [그림 16-23]은 오픈시에서 진행하는 방식과 같다. 메타마스크 지갑이 이미 있으므로 왼쪽 '지갑 가져오기'를 클릭하고 메타마스크 개선에 참여하는 내용을 읽은 후 '동의함'을 선택한다.

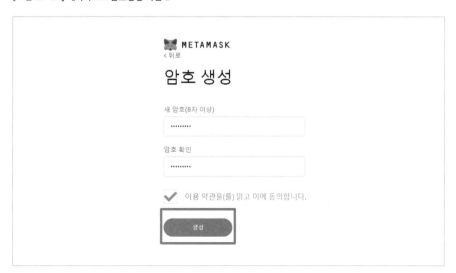

[그림 16-24] 메타마스크 암호생성 화면 1

[그림 16-25] 메타마스크 암호생성 화면 2

[그림 16-24]는 메타마스크 암호를 새로 만드는 과정이다. 비밀번호를 8자리 이상 설정하고 이용약관 동의에 체크한 후 '생성'을 클릭한다.

[그림 16-26] 메타마스크 비밀 백업 구문 화면 1

[그림 16-27] 메타마스크 비밀 백업 구문 화면 2

[그림 16-26]부터는 메타마스크 지갑 보호에 관한 짧은 동영상이다. 동영상을 확인한 다음 아래 위치한 '시작' 버튼을 클릭한다. 비밀 문구 백업(Secret Recovery Phrase)이라는 내용 중 중간에 '비밀 단어를 표시하려면 여기를 클릭하세요'를 클릭한다. 이어서 비밀 단어가 나오면 이를 메모지에 별도로 적어두거나 스마트폰으로 촬영해둔다.

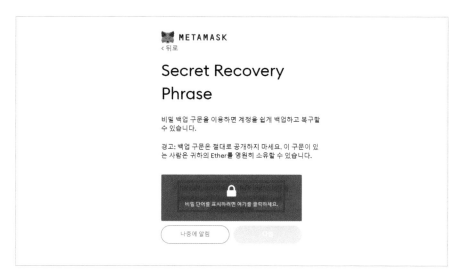

[그림 16-28] 메타마스크 비밀 백업 구문 화면 3

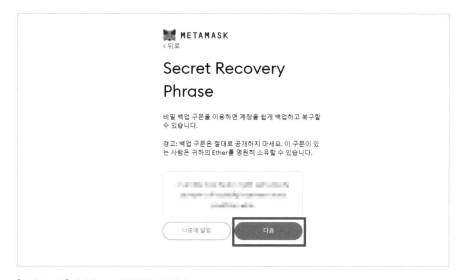

[그림 16-29] 메타마스크 비밀 백업 구문 화면 4

　　[그림 16-29]처럼 화면에 나온 비밀 백업 구문을 순서대로 화면 중간에 입력한다. 12개의 암호를 클릭하면 화면에 자동으로 입력된다. 모두 입력하고 '다음'을 클릭한다.

[그림 16-30] 메타마스크 로그인 화면

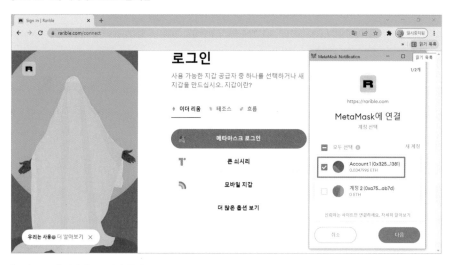

[그림 16-31] 메타마스크 연결 화면 1

[그림 16-30]처럼 '메타마스크 로그인'을 클릭한다. 오른쪽 화면에 메타마스크 지갑 연결 화면에서 암호를 입력하고 하단 '잠금 해제'를 클릭한다.

[그림 16-31]과 같이 메타마스크에 연결하면서 '어카운트1'을 클릭하고 하단에 있는 '다음' 버튼을 선택한다.

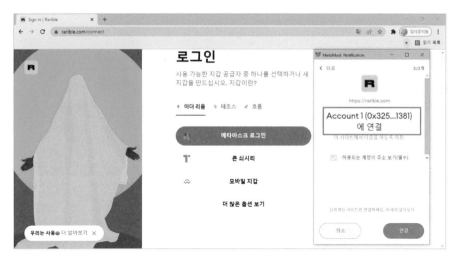

[그림 16-32] 데스크톱 메타마스크 연결 화면 2

[그림 16-33] 데스크톱 희귀서비스 약관 동의

　[그림 16-32]와 같이 '어카운트1에 연결'한 후 하단 '연결'을 선택한다.

　[그림 16-33]과 같이 '희귀 서비스 약관'이 나오면 내용을 읽고 중간에 '나는 최소 13살이다' 및 '나는 라리블 서비스 약관에 동의합니다'에 체크한 후, 하단 '진행하다'를 선택한다.

[그림 16-34] 데스크톱 메타마스크 지갑 완료 확인 화면

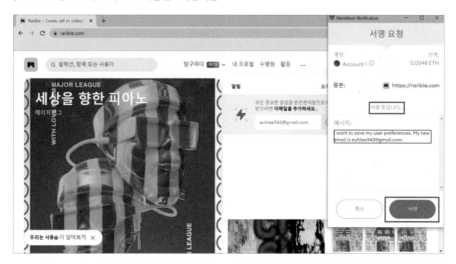

[그림 16-35] 메타마스크 지갑 이메일 연결, 서명 화면

[그림 16-34]처럼 만들기(Create) 버튼 옆에 번개 모양과 1이라는 숫자가 뜨면 메타마스크 지갑이 제대로 연결된 것이다.

지갑이 연결된 후 이를 확인하기 위해 지갑과 이메일을 연결하라는 알림이 뜬다. 다시 메타마스크 지갑에 서명하라는 메시지가 뜨면 '서명' 부분을 클릭한다.

[그림 16-36] 메타마스크 지갑 이메일 알림 받기 화면

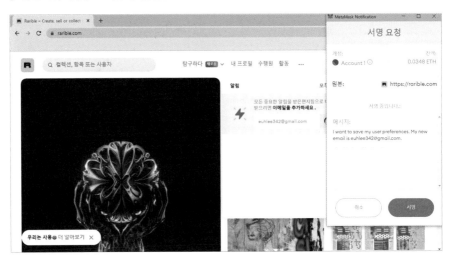

[그림 16-37] 메타마스크 지갑, 이메일 연결 서명 요청 화면

지갑에 서명한 후 이메일 주소를 입력한 후 오른쪽 '알림 받기'를 선택한다. 이때 호환을 위해 메일 주소를 적고 지갑에 서명하라는 메시지가 뜨면 '서명'을 선택한다.

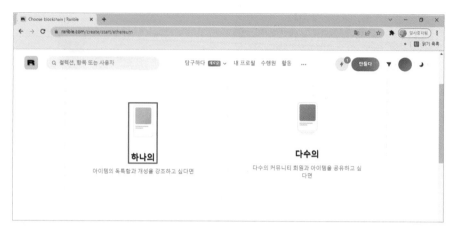

[그림 16-38] 라리블 에디션 발행 화면 1

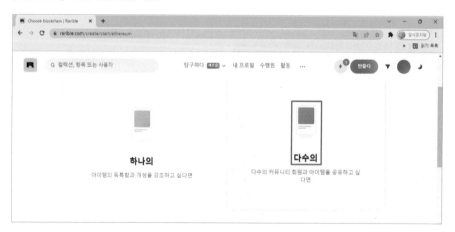

[그림 16-39] 라리블 에디션 발행 화면 2

[그림 16-38]과 같이 라리블에서 작품을 한 개 에디션만 발행하고 경매로 진행할 예정이면 왼쪽 '하나의'를 선택한다. 작품 민팅에 있어서 작품 발행 개수를 여러 개 발행하고 사람들과 커뮤니티를 활성화하고자 한다면 오른쪽 '다수의'를 선택한다. 개인적 취향이지만 '다수' 방식을 추천한다.

[그림 16-40] 라리블 민팅 업로드 화면

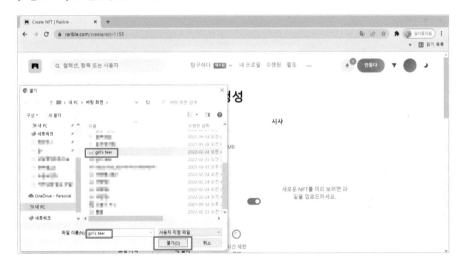

[그림 16-41] 데스크톱 버전 라리블 민팅 화면 1

[그림 16-40]은 업로드를 위해 파일을 선택하는 화면이다. '파일을 선택'을 클릭한다. 이때 업로드(민팅하기 위한 업로드)하려는 작품을 미리 컴퓨터에 저장해 둔다. 바탕화면에 저장해놓은 작품을 불러오도록 한다. 파일 이름 역시 제목과 동일하게 입력한 다음 '열기'를 클릭한다.

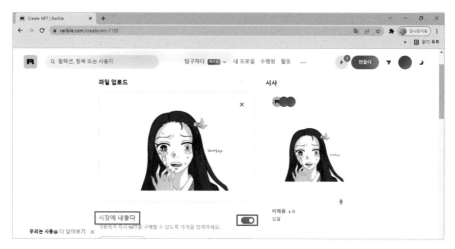

[그림 16-42] 데스크톱 버전 라리블 민팅 화면 2

[그림 16-43] 데스크톱 버전 라리블 민팅 화면 3

　　파일이 업로드되면 하단 '시장에 내놓다'를 확인하고 상태 메시지를 확인한다. 파일을 선택할 때 이미지 사이즈는 300×300 픽셀 사이즈로 작업한다. 짧은 동영상 파일인 GIF로도 업로드가 가능한데 파일은 최대 5MB를 넘지 않아야 한다. 작품 이름은 꼭 표시해야 한다. 향후 구매자가 작품을 검색할 때 노출이 잘되도록 하기 위함이다.

[그림 16-44] 데스크톱 버전 라리블 민팅 화면 4

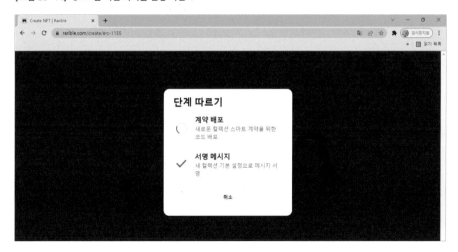

[그림 16-45] 데스크톱 버전 라리블 민팅 화면 5

토큰 이름을 표시하는 것 역시 필요하기 때문에 ERC-1155를 입력한다. 앞에서 설명했듯 ERC-1155는 NFT 발행을 위한 블록체인 기술로, 암호화폐 아이템 표준이자 가스비를 줄이는 알고리즘이다. 아이템을 살 때 ERC-1155를 이용하면 가스비를 이중으로 낭비하지 않고 한 번에 살 수 있다. 참고로 작품 설명은 선택 항목이지만 이를 검색하는 구매자도 있으니 참고한다. 필수 요소는 아니다.

[그림 16-46] 데스크톱 버전 라리블 민팅 화면 6

[그림 16-47] 데스크톱 버전 라리블 민팅 화면 7

위에서부터 차례대로 필수 사항을 입력한 뒤, 하단 '컬렉션 만들기'를 클릭한다. 이더리움을 생성하기 위한 모든 과정이 완료되면 [그림 16-46] 화면처럼 '단계 따르기'가 나오고 계약 배포, 서명 메시지 등이 자동으로 체크된다.

'단계 따르기'를 진행하면 다시 메타마스크 서명 요청을 진행하라는 메시지가

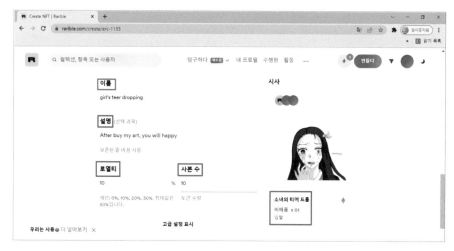

[그림 16-48] 데스크톱 버전 라리블 민팅 화면 8

[그림 16-49] 데스크톱 버전 라리블 민팅 화면 9

뜬다. 암호를 입력하고 나면 중간에 가스비가 얼마인지 계산되어 나온다. 이 경우 가스비가 0.073935ETH로 비싼 편이다. 가스비를 줄이고 싶다면 오른쪽 '희귀 배수'를 클릭한다. 희귀 배수인 라리 토큰을 선택하면 '무료 주조'가 자동으로 나온다.

[그림 16-48]과 같이 이름, 설명, 로열티, 사본 수를 차례대로 입력한다. 라리블이 해외 거래소임을 감안해 영어로 작성한다. 로열티는 일반적으로 10%로 설정하고 사본 수는 10개로 설정한다. 로열티와 사본 수는 임의대로 조정할 수 있다. 이름, 설명, 로열티, 사본 수 등을 모두 입력하고 하단 '아이템 생성'을 클릭한다. 이 과정이 완료되면 작품이 업로드되어 라리블에서 검색할 수 있다.

라리블에서 NFT를 발행하는 비용은 얼마가 들까? 🔍

라리블도 오픈시처럼 판매 금액 전체에서 2.5%의 수수료를 받는다. NFT를 0.025ETH에 판매하게 되면 그중 2.5%인 0.024375ETH를 수수료로 받는 셈이다. 하지만 라리블의 최신 기능을 사용하면 비용을 내지 않고도 NFT를 만들 수 있다. 새로운 버전에서는 아이템을 구매할 때 가스 요금을 지불하는 당사자가 구매자가 된다. 따라서 구매자가 구매할 때까지 NFT는 다른 NFT와 마찬가지로 시장에 나열되기만 할 뿐이고 데이터가 분산 스토리지에 안전하게 저장된다. 이 같은 NFT 채굴로 NFT를 만들 때 지갑으로 '채굴 승인'에 서명하면 되는데 비용은 무료이며 이 '채굴 승인 서명'으로 인해 자신의 NFT 창작물을 컨트롤할 수 있게 된다.

day 17

CCCV
민팅하기

CCCV 최신 기능 이용하기 🔍

최근 국내 신용카드사 역시 NFT를 상용화하려는 움직임을 보이고 있다. NFT 시장에 가장 먼저 진출한 금융사는 신한카드와 KB국민카드다. 신한카드는 2022년 마이엔에프티(My NFT) 서비스를 선보였는데 이는 '신한 플레이'를 통해 자신의 아이템을 NFT로 등록할 수 있는 서비스다. 신한 플레이를 통해 NFT를 생성하면 신한 월렛을 통해 보관 및 조회가 가능하다. 이 서비스는 클레이튼을 기반으로 만들어졌다.

KB국민카드는 블록체인 전문기업 블로코XYZ와 함께 자사 플랫폼 리브메이트(Liiv Mate)에 NFT 기술을 활용한 소셜미디어 서비스를 선보인다. 블록체인 기반 서비스 중 하나인 CCCV NFT를 통해 NFT 발행, 개인 간 구매, 판매, 경매 등 다양한 형태의 NFT 거래를 지원할 예정이다. 또한 NFT 홍보가 가능한 서비스인 CCCV 링크, 디지털 신분증인 NFT 배지(CCCV Badge) 등 다양한 NFT 서비스를 선보이고 있다. 블로코XYZ가 개발한 블록체인 기반 서비스 중 하나인 CCCV NFT 민팅을 시도해보자.

CCCV에서 NFT 민팅하기 🔍

CCCV에 민팅을 하는 방법은 간단하다. 검색창에 CCCV NFT를 검색한 다음 사이트에 들어가보자. [그림 17-1]과 같은 화면을 확인할 수 있다. 여기서는 모바일로 진행할 예정이다. 오른쪽 상단의 'NFT 발행'을 클릭한 뒤, 각자에게 편

[그림 17-1] CCCV 민팅하기 1

[그림 17-2] CCCV 민팅하기 2

[그림 17-3] CCCV 민팅하기 3 　　　　　[그림 17-4] CCCV 민팅하기 4

한 방식으로 로그인하자.

[그림 17-3]과 같이 가장 맨 위에 있는 '카카오 로그인'을 선택하고 그림처럼 '전체 동의하기'에 체크한 뒤 '동의하고 계속하기'를 클릭한다.

[그림 17-4]와 같이 화면이 뜨면 전체 기능을 확인할 수 있다. 오른쪽 상단에 위치한 동그라미 아이콘을 클릭하면 개인 NFT(My NFT), 개인 CCCV(My CCCV), 이용 내역, 정산 관리, 로그아웃 등이 나온다.

이중에서 보통 사용할 메뉴는 개인 NFT, 개인 CCCV, 정산 관리 정도다. 개인 NFT에는 각자의 프로필 정보를 입력하면 된다. 개인 CCCV(CCCV NFT, 새 버전에서는 다음과 같이 표기된다)에는 민팅한 작품에 관한 정보가 담겨 있다.

[그림 17-5] CCCV 민팅하기 5 　　[그림 17-6] CCCV에 민팅할 그림 고르기 　　[그림 17-7] CCCV 민팅하기 6

[그림 17-5]와 같이 상단의 'NFT 발행' 버튼을 클릭하면 'NFT 발행하기' 화면이 나타난다. 이곳에 작품을 업로드할 수 있다. 작품을 민팅하려면 자신이 제작한 작품 중 하나를 선택한다. 업로드할 그림을 골랐다면 오른쪽 위에 있는 '선택' 버튼을 누른다.

[그림 17-7]처럼 작품이 업로드된 것을 확인할 수 있다.

작품을 업로드한 후 추가로 다른 작품을 업로드하려면 '다른 파일 선택'을 선택한 다음, 추가 NFT 작품을 업로드하면 된다. 만약 작품 하나만을 업로드한 뒤 작업을 마무리하려면, 오른쪽 상단에 있는 '내 프로필'을 클릭해 작품이 제대로 업로드되었는지 확인한다.

[그림 17-8] CCCV 민팅하기 7　　　　[그림 17-9] CCCV 민팅하기 8

　　[그림 17-8]은 민팅하고자 하는 작품에 대한 상세 내역을 작성하는 곳이다. 여기에서는 에디션으로 발행할 계획으로 개수는 10개를 선택했다. 참고로 에디션은 최대 300개까지 설정 가능하다.

　　'창작자' 항목에서 발행자와 창작자가 다르면 별도로 기입한다. 인세는 보통 2.5%에서 10%까지 설정한다. 오픈시나 라리블이 2.5%이므로 비슷한 비율을 선택한다. 여기서는 3.7%를 입력하고 작품 설명을 작성했다. 작품에 관한 간략한 설명을 덧붙이되, 작품 구매자에게 노출이 잘될 수 있도록 작성하도록 한다. 가운데 있는 작품 판매등록을 클릭하고, 하단에 'NFT 발행을 위한 정보 수집 및 이용에 동의합니다'와 'NFT 발행 시 유의사항을 확인하였으며, 하단 내용에 동의합니다'에 체크한다.

[그림 17-10] CCCV 민팅하기 9   [그림 17-11] CCCV 민팅하기 10

[그림 17-10]과 같이 하단에 파란색 'NFT 발행' 버튼을 누르면 본인인증 화면으로 이동한다. 각자가 이용하는 통신사를 클릭하고 패스나 문자로 인증을 완료한다.

업비트를 거래소로 이용했던 사용자는 이미 패스 인증단계를 거쳤으므로 이 경우에도 패스 애플리케이션을 사용하면 작업 시간이 단축된다. 문자로 인증할 사용자는 문자 메시지를 확인하여 인증한다.

[그림 17-12] CCCV 민팅하기 11   [그림 17-13] CCCV 민팅하기 12

[그림 17-12]와 같이 NFT 발행 화면이 나오면 작품에 대한 설명을 간단하게 입력한다. '작품 판매등록'을 클릭하고 일반 판매를 할지 옥션 판매를 할지 선택한다. 에디션 발행을 할 것이므로 일반 판매를 선택한다. 일반 판매는 작품 개수가 많아지고 고정가에 판매하므로 판매자 입장에서 경매를 할 때 기다리는 불편함을 줄일 수 있고 여러 개 판매가 가능하므로 일정한 금액의 소득을 기대할 수 있다. 옥션 판매는 비플의 그림처럼 그림의 가치를 높게 평가하는 특별한 구매자에 의해 가치를 높일 수도 있어 단숨에 스타 작가의 반열에 들 수 있는 장점이 있다.

[그림 17-14] CCCV 민팅하기 13   [그림 17-15] CCCV 민팅하기 14

[그림 17-14]처럼 판매 금액을 설정한다. 수수료 3.7%를 제외한 나머지 금액이 판매 수익이므로 이를 감안해 금액을 설정하는데 10만 원 이내로 설정하는 것이 판매에 유리하다. 물론 이후에 인지도가 높아지거나 다양한 NFT 커뮤니티 활동 등으로 두각을 드러내는 시점 등을 고려해 자신의 작품 금액을 산출해도 좋다.

[그림 17-15]처럼 하단 판매 기간 설정 항목에 시작 날짜를 입력하는데 보통은 '발행 후 바로 시작'으로 고정된 화면을 선택하고 판매 기간을 설정한다. 기간은 다양하다. 일주일이든 무제한(기한 없음)이든 상관 없다. 이때 판매 기간 설정 화면에 날짜를 지정할 경우 스케줄 달력을 확인할 수 있는데 여기에서 설정하면 된다. 이어 비공개 메시지(선택)를 입력하는데 필수 사항은 아니므로 별도로 적을 항목이 없다면 지나가도 된다.

[그림 17-16] CCCV 민팅하기 15

[그림 17-17] CCCV 민팅하기 16

이어 [그림 17-16]과 같이 수수료 부분을 확인하고 정보 수집 이용 동의와 유의사항을 클릭한다. 아래쪽에 'NFT 발행 및 판매등록'을 클릭한다. 'NFT 발행완료' 화면이 나오는 것을 확인한다.

정상적으로 NFT가 발행되었다면 [그림 17-16]과 같은 화면을 확인할 수 있다. NFT 발행 완료와 동시에 각자가 업로드하려던 그림이 제대로 보이면 잘 처리된 것이다.

[그림 17-18] CCCV 민팅하기 17   [그림 17-19] CCCV 민팅하기 18

이제 [그림 17-18]과 같이 [발행한 작품 1]로 화면이 바뀐다. 각자가 발행한 작품의 개수를 파악한다. 정산 관리 화면에 개인 정산정보 등록이 필요하다고 뜬다. 이어서 파란색 '등록하기'를 클릭한다.

[그림 17-19]처럼 '개인 정산정보 등록이 필요합니다' 문구를 보게 된다면 신분증 사진을 찍도록 한다. 이때 주의할 점이 하나 있다. 너무 밝은 곳에서 신분증을 찍거나 빛이 반사되면 사진이 제대로 업로드되지 않을 수 있다. 기존에 찍어둔 신분증 사진이 있으면 이것을 이용한다.

[그림 17-20] CCCV 민팅하기 19

[그림 17-21] CCCV 민팅하기 20

[그림 17-20]에서 보듯이 본인인증 완료 단계가 끝나면 신분증 정보입력을 한다. 카메라를 선택하면 실시간으로 찍은 신분증을 올려야 하고, 갤러리를 선택하면 저장되어 있는 사진을 올려야 한다. 갤러리에 있는 신분증을 사용할 것이므로 파일을 선택하도록 한다.

[그림 17-21]과 같이 그림 하단 '파일 선택(Select File)'을 살펴보자. 실시간 찍은 사진을 업로드할 예정이라면 왼쪽에 위치한 카메라를 선택한다. 갤러리에 미리 찍어둔 신분증 사진을 이용하려면 오른쪽 파일을 선택한다.

[그림 17-22] CCCV 민팅하기 21　　[그림 17-23] CCCV 민팅하기 22

　이어서 [그림 17-22]와 같은 화면이 나오면 임시적으로 판매 상태가 된 것이다. 설정한 대로 10개 에디션을 확인할 수 있다. 정보입력이 완료되지 않았으면 필요한 사항을 더 입력한다. 이름과 주민등록번호를 입력하고 계좌정보를 입력한다. 미리 저장해둔 파일을 불러와서 이용하면 편하다.

　[그림 17-23]과 같이 계좌정보를 입력해야 한다. 미리 찍어둔 은행 계좌 사본 파일을 불러오면 된다. 차례로 은행명과 계좌번호를 빈칸에 입력하도록 한다.

[그림 17-24] CCCV 민팅하기 23 　　[그림 17-25] CCCV 민팅하기 24 　　[그림 17-26] CCCV 민팅하기 25

[그림 17-24]는 정산 관리 부분이다. 이 화면에서 다음 화면으로 넘어가지 않으면 과정 중에 누락된 항목이 있는 것이다. 빠진 정보를 모두 입력하고 최종적으로 정산 정보를 확인한 후 넘어간다.

마지막으로 카카오톡에 [그림 17-26]과 같이 CCCV에서 보낸 알림 톡을 확인할 수 있다.

지금까지 'CCCV에 내 작품을 민팅하기' 튜토리얼 과정을 진행했다. 오픈시에 비해 사용 방법이 단순하고 편리하게 이루어져 있기 때문에 NFT를 처음 만들 때 시도해보면 좋다. 이 모든 과정을 무료로 진행할 수 있다는 것도 장점이다.

NFT로
수익 창출하기

저작권과 소유권을 양도한 경우 🔍

이제 NFT 민팅 후 작품을 수익화하는 방법을 살펴보자. [그림 18-1]은 실제로 오픈시에 민팅을 한 작품이다. 관련 블로그(blog.naver.com/euhlee77)에서도 같은 내용의 민팅 작품 설명을 찾아볼 수 있다. 당연히 오픈시에서도 블로그에 공지한 것과 같은 그림이 판매되고 있다. 이 작품은 백혜란 작가의 〈시카고 부두(Chicago Pier)〉로, 시카고의 모습을 수묵담채로 남긴 작품이다.

[그림 18-2]에서는 이 작품의 금액과 판매 기간을 확인할 수 있다. 처음에는 오픈시에 '영국식 경매'로 올렸지만 작가가 마음을 바꿔 6개월 동안 20ETH에 팔릴 수 있도록 고정가격으로 변경했다. 저작권 소유자는 저자(Owned by Eojeongi)로 되어 있으나 저작권자가 후원하는 단체에 도움이 되고자 저작권 자체를 아예 변경해 더앤에프티코리아가 이를 대행해 민팅했다. 이 작품이 2022년 5월 15일에

[그림 18-1] 오픈시 민팅 사례 화면 1

[그림 18-2] 오픈시 민팅 사례 화면 2

팔리게 되면 소유권은 후원 단체로 이관되고 작품이 계속 판매되어도 수익은 후원 단체에 귀속된다.

　이때 주의할 점이 있다. 소유권에 관한 서류 증빙을 꼭 준비해두도록 한다. 저작권자와 소유권자 사이에 간단하더라도 확실한 증빙 서류를 구비해두면 차후에 분쟁의 소지를 줄일 수 있다.

저작권과 소유권을 소유한 경우 🔍

[그림 18-3] 오픈시 민팅 사례 화면 3

[그림 18-4] 오픈시 민팅 사례 화면 4

[그림 18-3]은 더앤에프티코리아의 〈돈은 돌고 돈다〉라는 작품이다. 이 작품은 더앤에프티코리아의 블록체인 전문가 반채헌의 작품으로 이 역시 작가가 회사에 소유권을 넘겼다. 이 경우에는 저작권과 소유권을 모두 회사가 갖게 된다. 그러나 역시 작품을 민팅한 사람이 저자로 표기되어 있다.

이 작품도 경매로 내놓았다가 고정가격인 20ETH로 변경했으며 홍보를 위해 소셜미디어를 활용하고 있는 것을 확인할 수 있다. 트위터, 블로그 등에서도 관련 내용을 확인할 수 있다.

[그림 18-4]에서는 아이템 상태(Item Activity)를 확인할 수 있다. 여러 필터를

[그림 18-5] 오픈시 민팅 사례 화면 5   [그림 18-6] 오픈시 민팅 사례 화면 6

적용해서 보면 작품을 민팅한 이력이 나온다. 상단에서부터 차례로 리스트(List)된 상태가 표시되어 있고 가격이 표기되어 있으며 민팅한 사람의 이름이 표시되어 있다.

[그림 18-5]는 오픈시 상단을 클릭했을 때 나오는 화면이다. 위에서부터 차례대로 최근 리스트된 작품(Recently Listed), 최근 만들어진 작품(Recently Created) 등 제작 시기와 민팅 시기에 따라 작품별로 살펴볼 수 있다. 하단의 파란색 '필터'로 걸러내서 작품을 볼 수 있다.

[그림 18-6]은 전체적으로 민팅했거나 구입한 작품과 관련된 리스트를 볼 수 있는 화면이다. 저자의 오픈시 컬렉션 화면(opensea.io/Eojeongi)을 통해 그동안 작가가 민팅했거나 구입한 작품의 리스트를 한눈에 볼 수 있다.

이제 오픈시에서 작품을 실제로 구입한 사례도 살펴보자. 주소 창에 작가의 블로그(opensea.io/Eojeongi)를 검색하거나 주소를 직접 입력하면 구매한 작품 리스트를 모두 볼 수 있다.

[그림 18-7] 오픈시 구매 사례 화면 1

[그림 18-8] 오픈시 구매 사례 화면 2

[그림 18-7]과 [그림 18-8]과 같이 오픈시 작가인 '아티프'의 작품을 구입한 것을 확인할 수 있다. 아티프 작가는 총 30여 개의 그림을 그동안 꾸준히 민팅해 왔다. 앞으로도 NFT 작가로서의 성공 가능성이 높아 아티프의 작품을 구매하는 외국인도 많고 팬층도 두터운 편이다. 경매에 나와 있는 아티프의 작품을 구매했는데, 관련 컬렉션은 〈리듬을 잡아(PIXEL ART FIGHTER X ARThief)〉이고 작품 제목

[그림 18-9] 오픈시 구매 사례 화면 3

은 〈리듬, 당신을 위한 선물(Rhythm, Gift for You)〉이다.

[그림 18-8]에서 확인할 수 있듯 작품은 88명이 소유하고 있으며 발행 수(디지털 저작물 총 개수)는 100개이다. 즉, 100개를 발행했고 현재 88명이 소유하고 있으며 12개가 남았다고 보면 된다. 이 작품은 13초 정도의 짧은 영상이다.

[그림 18-9]에서 확인할 수 있듯 오픈시에서 구매한 사례에 대한 이력을 한번에 볼 수 있다. 이 작품은 쇼핑카트에 0.019ETH와 0.022ETH로 가격이 다른 것을 확인할 수 있는데 이는 0.019ETH에 구입했고 현재 0.022ETH로 가격이 약간 상승했음을 보여주는 이력이다. 아티프 작가의 초기 작품 중 일부는 약 3억 원에 이르기도 한다.

day
19

NFT 커뮤니티,
디스코드 가입하기

디스코드는 게임 및 교육과 비즈니스 분야의 커뮤니티 소프트웨어로 텍스트, 이미지, 비디오, 음성 커뮤니케이션에 특화되어 있다. 특히 이곳에서는 NFT 진행 일정 등을 쉽게 확인할 수 있어 편리하다. 사이트 주소(discord.com)를 직접 입력하거나 검색창에서 디스코드(Discord)를 입력하면 된다. 애플리케이션도 있으므로 각자에게 편한 방식을 사용하면 된다.

참고로 디스코드 화면에서는 많은 내용을 보여주는 경우가 종종 있으므로, PC를 사용해 접속하면 좀 더 편리하게 이용할 수 있다. PC에서는 사이트 주소를 찾아 들어간 다음 회원 가입을 한다. 이후 구글 플레이스토어에서 디스코드를 입력하여 스마트폰에도 디스코드를 다운받아 연동하면 된다.

[그림 19-1] 디스코드 회원가입 1   [그림 19-2] 디스코드 회원가입 2   [그림 19-3] 디스코드 회원가입 3

애플리케이션을 다운로드받으면 [그림 19-1]처럼 이름과 휴대폰 번호를 입력하는 화면이 나온다.

[그림 19-2]와 같이 전송된 6자리 확인 코드를 입력한다. 이후 생년월일을 차례대로 입력한다.

[그림 19-3]처럼 본인의 별명, 또는 실명을 입력한 다음 비밀번호를 설정한다. 비밀번호는 6글자 이상이어야 한다.

사용자 이름 입력란에는 디스코드에서 주로 사용할 이름을 입력한다. 실명이 아니어도 상관없다. 자신의 개성을 잘 드러내되, 최근 유행하는 아이디들을 살펴보는 것도 도움이 된다.

[그림 19-4] 디스코드 설정하기 1 　　[그림 19-5] 디스코드 설정하기 2

[그림 19-4]는 자신의 캐릭터를 설정하는 화면이다. 저장된 이미지를 사용해도 되고, 화면 아래 제시되는 추천 이미지를 사용해도 된다.

[그림 19-5]는 연락처를 저장하는 화면이다. 이 부분에 연락처를 입력하면 연동되어 관련 친구를 추천할 수 있다. 편한 것을 선택하면 된다. 연락처를 공유하고 싶지 않을 경우 '연락처를 통한 추가 허용'을 클릭하지 않도록 한다.

만약 디스코드를 통해 각자의 작품을 홍보하고자 한다면 '연락처를 통한 추가 허용'을 선택해두자. 이렇게 활성화된 디스코드는 차후에 디스코드 커뮤니티에서 다양한 정보를 접하고 수많은 친구를 사귀는 데 도움이 될 수 있다.

[그림 19-6] 디스코드 설정하기 3 　　 [그림 19-7] 디스코드 래리티 서버 이동하기

[그림 19-6]은 앞의 연락처 공유 화면을 넘기면 확인할 수 있다. 각 서버를 통해 관련 분야의 관심사가 같은 사람을 찾을 수도 있고 추천 코드를 받았을 경우 이때 입력하면 된다. 이 경우 가장 하단의 '서버 참가하기' 버튼을 누르고 래리티 링크를 클릭하자, 이 링크(discord.com/invite/raritysniper)를 복사하면 바로 초대받은 래리티 사이트로 이동해서 세부 내용을 확인할 수 있다.

래리티 스나이퍼(Rarity Sniper)는 희소한 작품에 주로 초점을 두고 있다. 래리티 스나이퍼를 주로 사용하는 사용자들과의 대화를 통해 희소 작품에 대한 정보를 추가로 얻을 수 있다.

[그림 19-8] 디스코드 래리티 서버 1   [그림 19-9] 디스코드 래리티 서버 2

디스코드 래리티 서버에 가입하면 [그림 19-8]처럼 여러 내용을 확인할 수 있다. 그중 통계(Stats)에서는 디스코드 340k+(Discord: 340k+), 트위터 500k+(Twitter: 500k+), 스나이퍼 VIP 1030(Sniper VIPs: 1030), NFT 컬렉션:1500+(NFT Collections: 1500+)은 순서대로 디스코드, 트위터 등에서 집계한 가입 통계를 볼 수 있다.

[그림 19-9]와 같이 회원가입 과정의 마지막인 '진행 전 유의사항'을 확인한 뒤, 인증 화면에서 인증(Verified)을 진행한 후 '규칙을 읽었으며 동의합니다'에 체크한다. 이제 디스코드 가입이 완료된 것이다.

현재 디스코드에는 여러 NFT 커뮤니티가 활발하게 활동하고 있는데 그중에서 눈여겨보면 좋을 채널로는 저스틴 블라우(DJ Justin Blau)와 비플, 메타 코반 등이 있다. 저스틴 블라우는 3LAU로 활동하는 NFT 예술가이다. 메타 코반은 NFT 투자사인 메타퍼스를 운영하고 있고, 비플의 작품을 매입했다. 이들은 NFT 시장 초기에 적극적으로 작품을 NFT화하면서 유명해졌다. 따라서 예술적인 재능이 있는 작가들의 전유물처럼 여겨졌던 예술 분야의 장벽이 조금씩 허물어지고 있다.

[그림 19-10] 저스틴 블라우

ⓒ Shervin Lainez

디스코드에서
NFT 검색하기

[그림 20-1]처럼 커뮤니티(Community) 배너에 연결된 스나이퍼 채팅(#Sniper-chat)을 클릭하면 현재도 계속 이어지는 채팅 창을 [그림 20-2]와 같이 확인할 수 있다. 사용자의 아이디가 나오고 채팅 시간이 바로 옆에 표시된다. 이곳에서 자유롭게 NFT에 관한 이야기를 나누고 간단한 궁금증을 해결할 수 있다.

주의할 점도 있다. 익명의 채팅 공간이므로 개인정보 유출에 유의해야 한다. 또한 정보가 객관적인 것은 아니므로 꼭 두 번 이상 체크할 것을 권한다. 채팅 공간에서 친해진 친구와 또 다른 그룹을 만들어 새로운 채팅 공간으로 이동할 수도 있지만 검증되지 않은 정보에 유출될 가능성과 위험성이 더욱 커진다.

그렇다고 너무 겁먹을 필요는 없다. 이런 점만 조심한다면 누구와도 자유로운 대화가 가능하고 전 세계 이용자들의 관심과 흐름, 이슈를 자유롭게 나눌 수 있다. 관련 분야에 특화된 이들이 모여 있으므로 의외의 고급 정보를 얻을 가능성이 있다.

[그림 20-1] 디스코드 스나이퍼 채팅 화면 1   [그림 20-2] 디스코드 스나이퍼 채팅 화면 2

[그림 20-1]처럼 디스코드에서 채팅을 원하면 스나이퍼챗(sniper-chat)을 클릭한다. 디스코드 스나이퍼 채팅이 시작되면 [그림 20-2]와 같은 실시간 채팅 화면이 나온다. 이곳에서 다양한 사람들과 자유롭게 정보를 주고받을 수 있다. 간혹 채팅창에 일부 규칙이 있을 수 있으므로, 이에 대한 정보는 채팅창에 묻거나 검색해서 찾아보도록 한다.

[그림 20-3] 디스코드 기브어웨이 화면 1　　　[그림 20-4] 디스코드 기브어웨이 화면 2

[그림 20-3]은 디스코드 기브어웨이(giveaways) 화면이다. 이곳에서는 마켓플레이스별로 소개되는 이벤트를 보여준다. 예를 들어, 특정 마켓플레이스에 가입하면 1+1으로 코인을 받을 수도 있고, 친구를 추천하면 선물을 받을 수도 있다. 디스코드 기브어웨이도 이와 비슷한 이벤트를 진행하고 있다.

[그림 20-4]는 NFT 코인을 무료로 주는 사이트 이벤트에 참여한 모습이다. 무료 NFT 코인을 받는 행운도 있지만 자신의 정보가 검증되지 않은 여러 사이트에 노출될 가능성도 있으니 유의하자. 그리고 심지어 어떤 곳은 NFT와 관련이 없는데도 광고를 진행해 개인정보만 빼갈 수도 있으니 유의해야 한다. 하지만 디스코드의 선물 이벤트, 또 여러 마켓플레이스 등에 고객을 유치하기 위한 경쟁은 점점 늘어날 것이고 그 중심에 NFT가 있을 것이다.

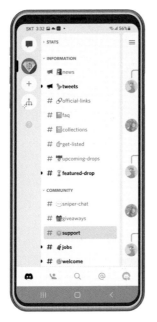

[그림 20-5] 디스코드 지원 관련 화면 1　　[그림 20-6] 디스코드 지원 관련 화면 2

[그림 20-5]는 커뮤니티에서 지원(Support)하는 항목으로, [그림 20-6]처럼 사용자의 질문에 대한 답변이 계속적으로 이어지고 있음을 알 수 있다.

커뮤니티에서 서포트(지원)하는 내용을 자세히 읽어보면 의외의 소득을 올릴 수도 있다. 서포트 내용을 읽어보면서 무료로 주는 에어드롭 행사나 민팅 정보 등을 찾아보도록 한다.

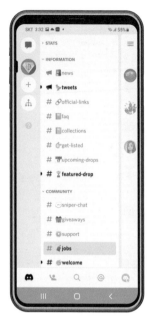

[그림 20-7] **디스코드 업무 화면 1** [그림 20-8] **디스코드 업무 화면 2**

[그림 20-7]은 업무(Jobs) 관련 내용으로 세부 내용을 확인하면, [그림 20-8] 처럼 화면이 바뀐다. 상단의 '방법을 알아보자, 관심 있으면 다이렉트 메시지를 보내주세요(Method works! Huge budget, dm me if you are interested!)'는 디스코드가 고객과 소통하기 위해 만든 장치다. 또한 다이렉트 메시지(DM) 발송을 통해 디스코드 참여자들끼리 서로 의견을 주고받을 수 있도록 소통 창구를 열어두었다.

[그림 20-7]처럼 업무와 관련된 내용을 확인하고자 할 때 하단의 업무(Jobs) 버튼을 클릭한다. 소통 창구를 열어두었으므로 하단 아래쪽에 각자가 궁금한 내용을 정리해 질문하면 된다.

[그림 20-9] 디스코드 뉴스 화면 1 　　　　[그림 20-10] 디스코드 뉴스 화면 2

[그림 20-9]는 디스코드의 정보(Information)를 담고 있다. 배너별로 뉴스(News), 관련 트윗(Tweets), 공식 사이트(Official-links), 질문(FAQ), 컬렉션(Collections), 리스트 (Get-listed), 새로운 소식(Uncoming-drops), 주요 소식(Featured-drop) 등을 담고 있다.

이를 클릭하면 [그림 20-10]처럼 디스코드 NFT의 새로운 소식을 확인할 수 있다. 디스코드 뉴스에서는 NFT 사용자 증정 이벤트(Giveaway Non-Fungible People) 를 확인할 수 있다. 뉴스는 수시로 업데이트되니 이를 참고해서 보도록 한다.

하단 파란색 '팔로우'를 선택하여 이벤트에 관한 추가 내용을 받도록 설정해 두면 좋다.

[그림 20-11] 디스코드 트윗 화면 1 [그림 20-12] 디스코드 트윗 화면 2

[그림 20-11]은 트위터로 연결되는 화면이다. 클릭하면 [그림 20-12]처럼 관련 트윗 중 일부를 확인할 수 있다.

[그림 20-13]부터 [그림 20-17]까지는 디스코드 컬렉션에 관련된 내용을 담고 있다. 컬렉션(Collections)에서는 희소성(Rarity Sniper)에 관한 내용이 담겨 있다.

[그림 20-14]는 디스코드 컬렉션에 입장할 때 확인할 수 있는 접속 주의 화면이다. '확인'을 누르고 나면 연결 프로그램이 나온다. 이때 '크롬' 또는 '네이버'를 선택하면 조금 더 편하게 확인할 수 있다. 예를 들어, [그림 20-17]과 같은 NFT 컬렉션(814 NFT Collections)을 검색하면 관련된 내용을 살펴볼 수 있다.

트위터나 인스타그램 등에서도 NFT를 검색하면 다양한 작품을 확인할 수 있다. 어떤 곳이 검증된 곳인지 확인하려면 회원 수가 많은 NFT 카페나 오픈 채팅방 등의 정보를 기반으로 찾아볼 것을 권한다.

[그림 20-13] 디스코드 컬렉션 1

[그림 20-14] 디스코드 컬렉션 2

[그림 20-15] 디스코드 컬렉션 3

[그림 20-16] 디스코드 컬렉션 4

[그림 20-17] 디스코드 컬렉션 5

NFT를 수익화할 때 무엇을 생각해야 할까   🔍

　마지막으로 이런 NFT를 구매하거나 판매할 때 주의해야 할 점을 생각해보자. 영화 〈특송〉의 〈제너러티브 아트(Generative Art) NFT〉가 세계 최대 마켓플레이스인 오픈시에서 오픈과 동시에 완판되었다. 〈특송〉의 NFT는 선판매 수량 1,000개가 1초 만에 품절된 데 이어 메인 거래에서까지 총 3,000여 개 수량이 공개와 동시에 판매 완료됐다. 이처럼 NFT 컬렉터들은 영화의 흥행을 응원하는 것뿐만 아니라 각각의 NFT가 가지는 희소성에 열광하는 팬덤 현상을 보여주기도 했다. 해외 영화사의 행보도 비슷하다. AMC 시어터와 소니는 〈스파이더맨: 노웨이 홈〉의 첫 편 구매자들에게 8만 6,000개의 NFT를 증정한다고 홍보했다. 티켓 판매가 시작되자마자 구매자들이 온라인에 몰리며 서버가 다운되는 현상까지 일어났다. NFT 제공과 영화의 매력이 합쳐지며 엄청난 파급 효과를 보여주었다.

　그러나 모든 상황이 이처럼 좋은 것만은 아니다. NFT 플랫폼 이용자들의 가상자산은 총 269억 달러(31조 6,317억 원, 2021년 기준)에 달한다. 송금 금액과 평균 거래 규모가 모두 크게 증가했으며, 신규 사용자 영입도 활발해졌다. 이처럼 많은 투자자들이 NFT 투자에 관심을 보이고 있지만 정작 중요한 수익 창출에는 어려움을 겪고 있다.

　NFT 시장에서 이용자들이 수익을 창출하기 어려운 이유는 무엇일까. 우선 오픈시에서 NFT를 구매할 때, 거래에 실패하는 경우가 많다.

　더 세븐즈(The Sevens)라는 예술가가 만든 NFT는 7,000개로 구성된 자신의 NFT 컬렉션을 한 시간만에 완판해 사람들의 관심을 끌었다(디스코드 discord.com/invite/777-thesevens-777). 하지만 최종적으로 거래 실패 역시 총 2만 6,000건 이상이 발생했고(판매자의 재판매 등으로 인해 제작 개수보다 수치가 증가했다), 이로 인해 400만 달러(한화 약 47억 440만 원)의 가스비가 발생했다. 이를 플리핑(Flipping)이라 하는

데 다른 누군가가 구입했던, 기존에 있던 NFT 제품을 구입해 재판매하는 것을 뜻한다. 이처럼 플리핑한(재판매한) NFT의 65.1%가 수익을 창출하는 반면, 민팅에 성공한 NFT를 판매해 수익을 남길 확률은 28.5%에 불과했다.

NFT를 민팅한 후 자동 구매 예약인 '봇'을 많이 걸어놓는 경우도 많다. 하지만 이는 오히려 수익 창출에 대한 역효과를 불러올 수 있다. 민팅 거래 중 거래 실패가 뜨면, 이용자 대부분은 같은 거래를 다시 시도하지 않는다. 하지만 그중 일부는 거래가 실패하더라도 100번이 넘도록 여러 차례 거래를 시도하는 것으로 나타났다. 지속적인 거래 실패로 인해 최종 10만 달러(한화 약 1억 1,757만 원)의 수수료가 발생한 사례도 발견됐다. 이는 수수료의 낭비로 이어져 이용자에게 부담을 주게 된다.

이는 해당 컬렉션을 최대한 많이 구매하고자 한 사람이 '봇'을 여러 번 걸어놔서 생긴 결과다. 실제 〈더 세븐즈〉 민팅에 성공한 이용자들이 관련 NFT 상품을 재판매해 얻은 수익은 총 2,050만 달러(한화 약 241억 원)다. 하지만 거래에 실패한 사람들로 인해 400만 달러(한화 약 47억 원)의 손실을 추가하면 약 20% 정도 손해를 보았다고 한다. NFT를 수집할 때 전문 투자자들로 구성된 소규모 집단도 민팅 거래에 실패할 때 가스비 지불과 같은 똑같은 어려움을 겪는다고 알려져 있다. 따라서 가스 비용에 대해서는 계속 주의를 기울여야 한다.

이번 주에 배운 내용을 정리해보자

- 오픈시는 디지털 아이템 거래에 있어 거래 쌍방의 불신임 관계 문제를 해결하고자 설립되었다. 오픈시 마켓에는 크립토 소장품, 게임 아이템, 디지털 아트뿐 아니라 다양한 디지털 자산이 상장되어 거래된다. 오픈시 마켓플레이스는 현재 세계에서 가장 큰 NFT 시장으로 200종 이상의 카테고리와 400만 개 이상의 아이템들이 상장되어 있다.

- 라리블은 사용자 친화적이고 탐색이 편리하기에 NFT를 만들거나 NFT 거래를 쉽게 할 수 있다. 라리블은 소셜미디어적인 요소를 사이트에 도입해 사용자들이 NFT 창작자들을 팔로우하거나 새로운 NFT가 출시되었을 때 알림을 받을 수 있게 했다. 라리블은 라리블의 기본 거버넌스 토큰(Governance Token, 블록체인과 관련한 의사결정 시 투표에 사용하는 토큰)인 라리 토큰을 만들기도 했는데 라리 토큰은 플랫폼에 적극적으로 참여하는 사용자들에 대한 보상으로 제공될 목적으로 설계되었다. 라리블은 판매 금액의 5%를 수수료로 요구하는데, 구매자와 판매자 모두에게 2.5%씩을 부과한다.

- 블로코XYZ는 블록체인 전문기업이며 〈서울머니쇼 NFT〉를 발행한 회사다. 블로코XYZ의 대표 서비스는 CCCV 플랫폼이다. CCCV는 컴퓨터 작업 중 가장 많이 쓰이는 단축키인 컨

트롤 C와 컨트롤 V에서 따온 이름이다. CCCV 블록체인 서비스는 아르고를 기반으로 한다.

● 현재 NFT 업계는 사용자 중심으로 커뮤니티가 조성되거나 활발한 소셜미디어 활동 등으로 인해 NFT를 매개체로 새로운 친구를 사귀거나 정보를 교환하는 움직임이 생겨나고 있다. 이러한 움직임을 기반으로 예전에는 예술작품은 단지 예술적인 재능이 있는 작가들의 전유물처럼 여겨졌던 분위기도 한층 개선되고 있는 것으로 여겨진다. 예술 작품이라는 장벽이 허물어지고 있는 디스코드에서 NFT를 적극 활용할 수 있다.

● 오픈시에서 NFT 구매를 시도할 때, 거래에 실패하는 오류가 발생하기도 한다. 새 NFT 제품을 구입해 거래하는 것이 수익 창출에 효과적이지 않다는 조사 결과도 나왔다. 이는 거래 실패 시 발생할 수수료인 가스(Gas) 때문인 것으로 밝혀졌다.

NFT 경매 이해하기

NFT 경매 종류 알아보기
영국식 경매 이해하기
네덜란드식 경매 이해하기
비크리 경매 이해하기
온라인 예술품 경매 이해하기
어떤 NFT를 구매할 것인가

day
22

NFT 경매 종류
알아보기

경매 붙이기   🔍

   2020년 노벨경제학상을 수상한 폴 밀그럼(Paul R. Milgrom)과 로버트 윌슨(Robert B. Wilson)은 머신러닝을 만든 컴퓨터 공학 분야와 기초 과학의 발전이 있었기 때문에 경매 이론 또한 발달할 수 있었다고 언급했다. 이들은 경매 이론을 통해 실질적으로 현실 세계의 자원 배분을 효율적으로 이룰 수 있다고 보았다. 실제로 이들은 주파수 경매 모델을 고안하기도 했다. 이제 오픈시 마켓플레이스의 대표적인 경매 방식을 알아보고 실제 경매에 참여하는 방법을 알아보자.

   오픈시에서는 공개 오름 경매(영국식 경매, English Auction)와 공개 내림 경매(네덜란드식 경매, Dutch Auction) 중 하나를 선택할 수 있다. 공개 오름 경매, 즉 영국식 경매는 낮은 가격에서 높은 가격으로 경매가 진행되며 경매가 끝날 때 가장 높은 금액을 부른 사람이 NFT 소유권을 가져가는 방식이다.

공개 내림 경매, 즉 네덜란드식 경매는 높은 가격에서 시작해 시간이 지나면서 가격이 점차 내려가는 방식이다. 가격이 책정된 첫 번째 사람이 낙찰자가 되기 때문에 영국식 경매처럼 여러 번의 입찰이 발생하지 않는다.

경매는 무엇일까?

경제학에서는 경매를 참여자가 제시하는 금액에 따라 자원 배분 방법과 가격을 결정하는 규칙들을 명시해놓은 시장이라고 정의한다. 경매는 한 명의 판매자가 다수의 구매자를 대상으로 진행하는 경우, 한 명의 구매자가 다수의 판매자를 대상으로 진행하는 경우, 다수의 판매자와 다수의 구매자가 동시에 가격을 제시하는 경우를 모두 포함한다. 경매는 경매의 형태와 경매 대상이 되는 재화의 성격에 따라 다음과 같이 구분할 수 있다.

경매의 형태

경매는 공개적으로 경매가 진행되는 공개 경매(Open Auction)와 다른 참가자들이 부르는 가격을 알 수 없는 밀봉 입찰식 경매(Sealed-Bid Auction)로 나뉜다. 공개 경매는 입찰자들이 점진적으로 입찰가를 높여 부르는 영국식 경매와 높은 가격에서 시작해 구매자가 나타날 때까지 가격을 낮추는 네덜란드식 경매로 구분된다. 밀봉 입찰식 경매는 최고가를 써낸 자가 낙찰되고 자신이 제시한 가격을 지불하는 최고가격입찰제(First-Price Auction), 그리고 최고가를 써낸 자가 낙찰되고 두 번째로 높은 입찰가를 지불하는 제2가격 입찰제(Second-Price Auction)로 구분된다.

경매 대상 재화의 성격

경매 참여자마다 자신의 기호에 따라 재화의 가치를 다르게 평가하는 개인가치 경매(Private Value Auction)와 재화의 객관적 가치가 존재하지만 참여자들이 이를 정확히 모르는 공통가치 경매(Commo Value Price)가 있다. 예를 들어, 미술품 경매는 개인별로 느끼는 가치가 다른 개인가치 경매인데 반해, 동전이 가득한 항아리에 대한 경매는 객관적 가치가 존재함에도 낙찰되기 전까지는 항아리 안의 동전 수를 정확히 알 수 없는 공통가치 경매에 해당한다. 공통가치 경매의 경우, 낙찰자가 재화의 객관적 가치를 지나치게 높게 예상하고 가격을 지불해 경매에서 낙찰받아도 손해를 보는 승자의 저주(Winner's Curse)가 발생할 여지가 있다.

경매의 종류와 특징 🔍

따라서 경매는 다음과 같이 4가지 종류로 나눌 수 있다.

❶ 공개 오름 경매(영국식 경매)
❷ 공개 내림 경매(네덜란드식 경매)
❸ 최고가 밀봉 경매(최고가 비공개 경매)
❹ 차가 밀봉 경매(두 번째 최고가 비공개 경매)

여기에서 ❶번인 영국식 경매와 ❹번 차가 밀봉 경매는 같은 방식이고 ❷번인 네덜란드식 경매와 ❸번 최고가 밀봉 경매가 같은 방식이다. 우선 각각 어떤 방식으로 경매를 하는지 살펴보고, 네덜란드식 경매와 최고가 밀봉 경매의 공통점을 살펴보겠다. 이어서 영국식 경매와 차가 밀봉 경매의 공통점을 살펴보자.

❶ 공개 오름 경매(영국식 경매)

말 그대로 공개된 상태에서 가격이 오르는 경매를 말한다. 일반적인 경매의 형태로 가장 낮은 가격에서 출발해 점점 가격을 올리다가 마지막에 남는 구매자에게 판매권이 우선적으로 돌아가는 방식을 말한다. 보통 예술품 경매에서 사용하는 방식이다.

❷ 공개 내림 경매(네덜란드식 경매)

공개오름경매와 마찬가지로 공개된 상태에서 가격이 내려가는 경매를 말한다. 최고 높은 가격에서 시작해 가격을 점차 내려 부르는 도중 맨 처음 구매 의사를 밝히는 구매자에게 판매를 진행하는 방식을 말한다.

❸ 최고가 밀봉 경매(최고가 비공개 경매)

이 방식은 밀봉(비공개)된 상태에서 가격이 가장 높은 금액이 낙찰받는 경매를 말한다. 이 방식은 구매 희망자들이 각자의 응찰 가격이 표시된 종이를 봉투에 넣어 제출하고 입찰 가격을 동시에 개봉해 최고가를 적어 낸 사람에게 자신이 써냈던 입찰가로 판매하는 방식이다.

❹ 차가 밀봉 경매(두 번째 최고가 비공개 경매)

이 방식은 밀봉(비공개)된 상태에서 가격이 두 번째로 높은 것을 선택하는 방식이다. 이 방식은 구매 희망자들이 각자의 응찰 가격이 표시된 종이를 봉투에 넣어 제출하고, 입찰가들을 동시에 개봉해 최고가를 적어낸 사람에게 두 번째로 높은 가격(탈락한 사람 중 가장 높은 가격)으로 판매하는 방식이다.

이를 단순화해 각 사람이 얻는 효용(또는 보수)을 통해 4가지 경매를 분석해보자. 다음의 내용을 가정해보자.

❶ 경매에 참여하는 사람이 단지 두 명이다.

❷ 개별 구매자의 가치 평가 유형은 고(V), 저(0) 중에 하나라고 하자. 여기에서 고평가 유형의 구매자의 최대 지불 의사 가격은 V이고, 저평가 유형의 구매자의 최대 지불 의사 가격은 0이다.

❸ 고평가 구매자일 확률은 β이고, 저평가 구매자일 확률은 1-β이다. 또한 이 확률분포는 구매자 간에 상호독립적이다.

❹ 구매자와 경매자는 모두 위험 중립적이다.

❷ 네덜란드식 경매와 ❸ 최고가 밀봉 경매의 경우를 같이 살펴보자. 이때 저평가 구매자는 0원을 지불할 계획을 갖고 있고 아무런 보수를 받지 못한다. 반면 고평가 구매자를 살펴보면 상황이 달라진다. 고평가 구매자는 두 방식 모두 지불하려는 가격을 최대한 낮추려고 할 것이고, 또한 지불 가격을 낮추면 자신이 지불하려는 가격이 입찰될 확률이 낮아지므로 지불 가격을 엄청 낮추지는 않을 것이다. 따라서 지불 가격과 입찰될 확률 사이에 상충관계(Trade Off)가 있어서 적절한 지불 가격을 선택해야 한다. 이때 구매자의 보수함수는 다음과 같고 이를 극대화하는 지불 가격을 선택하도록 한다.

"고평가 구매자 = P[구매자가 지불하려는 가격이 입찰될 확률] × (V − 지불가격)

저평가 구매자는 0원일 때는 손을 들었다가 1원으로 가격이 오르는 순간 포기하려고 할 것이다. 따라서 저평가 구매자는 아무런 보수를 얻지 못한다. 반면 고평가 구매자는 상대방이 저평가 구매자이면 0원으로 입찰에 성공하고, 상대방이 고평가 구매자이면 V원으로 구매하려고 시도할 것이다. 둘 다 고평가 구매자이면 50%의 확률로 당첨되어 경매로 물품을 구매할 수 있다. 전문 경매사들은 실제 경매를 진행할 때 이런 공식을 적극 사용한다. 전문 경매의 영역이지만 참고로 확인할 수 있도록 공식을 정리해두었다.

"고평가 구매자 = P[구매자가 지불하려는 가격이 입찰될 확률] × (V − 지불가격)
+ [상대방이 고평가 구매자일 확률] × (V − 지불가격)

"고평가 구매자 = [1−β] × (V−0) + [β] × [1/2] × (V−V)
= (1−β)V

이번에는 판매자의 기대 효용을 구해보도록 하겠다. 판매자는 둘 중 하나라고 가정하고 저평가 구매자라면 0원에 판매하게 될 것이고, 둘 다 고평가 구매자라면 V원에 구매를 하려 할 것이다. 따라서 판매자의 보수함수는 다음과 같다.

"판매자 = [둘 중 적어도 한명이 저평가 구매자일 확률] × 0
+ [둘 다 고평가 구매자일 확률] × V
= [(1−β)² × β(1−β) + β(1−β)] × 0 + β²V
= β²V

만약 구매자가 n명이라면 판매자의 기대 효용이 어떻게 되는지 계산해보자. 판매자는 n명 또는 n−1명이 저평가 구매자라면 0원에 팔게 되고, 최소한 2명 이상이 고평가 구매자라면 V원에 팔 수 있게 된다. 따라서 판매자의 보수함수는 다음과 같다.

$$u판매자 = [n명\ or\ n-1명이\ 저평가\ 구매자일\ 확률] \times 0$$
$$+ [2명\ 이상이\ 고평가\ 구매자일\ 확률] \times V$$
$$= [nCn\beta^n(1-\beta)^0 + nCn-1\ \beta^{n-1}(1-\beta)^1] \times 0$$
$$+ [1 - nCn\beta^n(1-\beta)^0 + nCn-1\ \beta^{n-1}\ (1-\beta)^1] \times V$$
$$= (1 - \beta^n - n\beta^{n-1}\ (1-\beta)) \times V$$

이제 ❹번에 해당하는 차가 밀봉 경매를 알아보자. 저평가 구매자는 0원을 적어 내는 것이 최적 대응이라 할 수 있다. 이때 고평가 구매자는 상대방이 저평가 구매자라면 0원을, 상대방이 고평가 구매자라면 V원을 적어 내는 것이 최적 대응이라 할 수 있다. 그러면 조금 전 방식과 똑같이 고평가 구매자로 V원을 제시한다면 반반의 확률로 당첨되어 경매로 물품을 구매할 수 있다고 해보겠다. 이제 고평가 구매자의 기대보수를 구해보도록 하자.

$$u고평가\ 구매자 = [상대방이\ 저평가\ 구매자일\ 확률] \times (V - 지불가격)$$
$$+ [상대방이\ 고평가\ 구매자일\ 확률] \times [당첨확률] \times (V - 지불가격)$$

$$u고평가\ 구매자 = [1-\beta] \times (V-0) + [\beta] \times [1/2] \times (V-V)$$
$$= (1-\beta)V$$

이때의 보수함수는 조금 전에 보았던 영국식 경매에서의 보수와 완전히 똑같다. 이번에는 판매자의 기대보수를 구해보도록 하겠다. 판매자는 두 사람 가운데 한 명이라도 저평가 구매자라면 0원을 얻고, 둘 다 고평가 구매자라면 V원을 얻는다. 따라서 판매자의 기대보수는 다음과 같다.

^{U}판매자= [둘 중 적어도 한명이 저평가 구매자일 확률] × 0

+ [둘 다 고평가 구매자일 확률] × V

= [(1−β)² × β(1−β) + β(1−β)] × 0 + β²V

= β²V

이때의 보수함수도 조금 전의 영국식 경매에서의 보수와 똑같음을 알 수 있다. 위의 간단한 모형을 통해 다음과 같은 사실을 확인할 수 있다. 네덜란드식 경매와 최고가 밀봉 경매는 사실상 같은 방식이고, 영국식 경매와 차가 밀봉 경매도 사실상 같은 방식이다.

day
23

영국식 경매
이해하기

영국식 경매 진행 시 주의사항

영국식 경매를 선택할 경우, 입찰 시작가와 최저 판매가를 설정할 때 주의해야 한다. 여기에서 최저 판매가는 수용 가능한 최소한의 가격을 의미하며 경매가 종료되는 시점의 최고 입찰가가 최저 판매가에 미치지 못하면 NFT는 판매되지 않음을 유의해야 한다.

오픈시에서는 또 경매가 종료되기 전 10분 이내에 새로운 입찰자가 나타나면 경매 시간을 10분 연장하기도 한다. 이는 경매 막바지에 최고가를 불러 NFT를 획득하는 것을 방지하기 위한 극적인 장치로서 결과적으로 모든 잠재 구매자에게 입찰 기회를 제공하고 있다. 한편 오픈시 경매의 위험성을 경고하는 내용이 있으니 다음 내용을 참고하자.

얼마 전 한 경매자가 VOX(Vox Collectibities, NFT의 종류) 구매 도중 어려움을 겪었다는 사례가 최근 NFT 관련 뉴스에 등장했다. VOX는 블록체인 게임 개발사 갈라랩스(Gala Labs)가 출시한 3D 픽셀 NFT로, 오픈시 NFT 중 2021년 8월 11일 기준 24시간 거래량이 2,908ETH를 기록하며 크립토펑크(24시간 거래량 2,268ETH)를 추월해 사람들의 관심을 끌었다. 당시의 경매 진행 상황을 살펴보자.

❶ 경매 종료 하루가 남은 VOX를 발견했다.

❷ 최상위 입찰을 시도했다.

❸ 최종적으로 경매에서 이겼으나 VOX가 들어오지 않았다. 다음과 같이 경매 종료 시간을 확인할 수 있다.

> 판매는 오늘 5분 2초 내로 끝납니다(2021년 9월 24일, KST 오전 1시 32분).
>
> Sale ends today in 00:05:02(September 24, 2021 at 1:32 a.m. KST).

[그림 23-1] 2021년 9월 24일 경매 종료 안내 문구

[그림 23-1]과 같이 '판매는 오늘 5분 2초 내로 끝난다(Sale ends today in 00:05:02 [September 24, 2021 at 1:32 a.m. KST])'라고 되어 있다. 그러나 오픈시에서 본 건 관련한 경매 진행 관련 내용을 살펴보면 경매 종료일인 2021년 9월 24일에 참여자에게 돈이 입금되지 않았다. 경매 참가자들은 이것이 경매 방식에 대한 자신의 이해 부족에서 생긴 현상이라는 것을 발견하게 되었다. 즉, 참여자가 네덜란드식 경매

에 대한 이해가 부족해 VOX를 받을 수 없었다. 그 이유는 다음과 같다.

❶ 최종 경매가가 1ETH 이상이면 경매가 종료된 후 즉시 NFT가 전달되며 오픈시가 가스비를 지불한다.

❷ 최종 경매가가 1ETH 미만이면 판매자가 오퍼를 최종 승인해야만 경매 우승자가 NFT를 받을 수 있다. 따라서 판매자가 오퍼를 승인할 의무가 없다. 그런데 오퍼 승인을 할 의무가 없기 때문에 경매를 왜 하느냐에 대한 의문이 자연스럽게 생길 수밖에 없다.

❸ 경매 종료 10분 전 누군가 입찰을 하면 경매 완료 시간이 10분 연장된다.

❹ 입찰은 언제든지 취소할 수 있지만 가스비를 내야 하는 번거로움이 생긴다.

❺ 예비력 가격(Reserve Pricing)은 오픈시가 경매 종료에 대한 가스비를 지불하기 때문에 1ETH보다 싼 경매는 예비력 가격에 합당하지 않다고 보았다.

그래서 경매 참여자의 결론은 다음과 같다.

❶ 오픈시가 경매 대금의 2.5%를 판매 수수료로 받는다. 1ETH 이상인 경매는 오픈시 측에서 가스비를 낸다.

❷ 최종 입찰가 1ETH 이하인 경우에는 판매자가 가스비를 내도록 하고 있다.

❸ 그런데 이렇게 되면 판매자가 또다시 가스비를 내야 하기 때문에 입찰을 무시하게 되는 상황이 생겨 버린다. 최종 입찰가가 1ETH 이하이면 입찰가가 오픈시 측에서 판단하기에 적다고 판단한 것이다.

또한 다음의 설명을 주의 깊게 들여다볼 이유가 있다. 이유는 다음과 같다.

❶ 경매에 참여하려면 ETH가 아닌 WETH(거래 승인 시 즉시 전송되는 방식)로 바꿔야 하는데 이때 가스비가 현실적으로 3만 원 정도 들어간다. 2022년 6월 2일 기준으로 0.01304ETH 정도 발생한다.

❷ 입찰 자체에도 가스비가 3만 원 정도 들어간다.

이렇게 가스비가 3만 원씩 2회에 걸쳐 추가로 들어갈 뿐 아니라 판매자가 가스비를 내고 판매하겠다고 올린 작품에 입찰한 사람은 두 번의 가스비를 지불하게 되면서 일부 가스 비용을 공중에 날리게 된다. 이와 같은 사건은 오픈시 경매 방식이 자유롭다 보니 발생하는 문제이기도 하지만 동시에 같은 이유로 입찰 취소도 자유롭다. 참여자는 가스비를 손해 볼 수 있을 뿐 아니라 시간과 에너지를 많이 소요해야 한다. 따라서 오픈시에서 수익을 올리려 하는 소비자 입장에서는 이런 정책이 거부감을 불러일으킬 수 있다. 회사가 가스비로 운영을 한다는 기본 정책은 이해하지만, 회사가 가스비가 아깝다고 그러한 정책을 쓰는 것 자체가 소비자를 우롱하는 행위에 해당한다고 생각하는 소비자가 많을 수 있기 때문이다.

만약 가스비가 문제라면 경매 대금에서 수취하는 수수료를 2.5%가 아니라 5%, 10% 등으로 올릴 수도 있다. 경매가 확정이 되는 상황이라면 추후에 경매에서 반사 이익을 볼 수 있는 경매 낙찰자가 수수료를 감당하는 것이 부담일 수도 있지만, 이미 경매가 확정된 상황이기 때문에 이런 정책을 쓰는 것이 합당하다 여겨진다는 것이다.

추가로 주목해야 할 점도 있다. 입찰 후 일정 기간이 지나면 입찰 기록이 사라진다는 데 주의해야 한다. 판매자에게 페널티도 존재하지 않기 때문에 입찰에 참여한 사람은 오히려 손해를 본다는 인식이 자리 잡을 수 있다. 따라서 경매에 입찰할 때 이 점을 충분히 이해하고 참여하는 것이 피해를 최소화할 수 있음을 기억해야 한다.

마지막으로 0.18ETH나 0.3ETH와 같이 일정 금액을 즉시 경매가로 제안하는 경우가 있으므로 이 경우도 참조해보자. NFT 경매로 큰 수익을 얻은 경우만 주목을 받는 것이므로, 내용에 휘둘리지 말고 본인의 판단을 기반으로 경매에 참여해야 한다.

네덜란드식 경매
이해하기

경매는 미술품, 예술작품, 중고품 등 정확히 가격을 결정하기 어려운 품목을 대상으로 입찰과 낙찰이라는 과정을 통해 매매가를 결정하는 전통적인 가격 결정 방식이다. 네덜란드식 경매에서 경매자는 매우 높은 호가로 입찰 개시를 한다. 그 값에서 점차 낮은 매도 호가를 부르다가 특정 가격에 구입 의사가 있는 입찰 참여자가 구입하겠다고 구입 의사를 밝히며 호가를 하는 순간 경매는 끝이 나고, 그 가격은 낙찰가가 된다.

네덜란드식 경매는 영국식 경매를 역으로 돌린 것에 불과한 것으로 보이기도 한다. 하지만 여기엔 매우 큰 차이가 두 가지 숨어 있다. 먼저 네덜란드식 경매는 매우 빨리 끝난다. 네덜란드 꽃 도매시장에서 쓰는 방식이라고 해서 널리 알려지게 된 네덜란드식 경매는 실제로 입찰 개시 후 낙찰까지 1분도 채 걸리지 않는다.

꽃 도매시장을 비롯해 해산물 도매시장, 과일 도매시장 등 신선도가 중요하고, 품목이 다양한 경우에 네덜란드식 경매 방식이 자주 사용된다. 네덜란드식 경매를 통해 1분 안에 경매가 이루어진다면 효율적으로 물건들을 경매로 진행할 수 있을 뿐만 아니라 소비자는 물건을 빨리 받아볼 수 있다.

또 다른 차이로는 바로 입찰 경쟁자 간에 이뤄지는 정보 구조다. 영국식은 상대 경쟁자가 제시한 입찰가를 보면서 약간만 높은 값을 제시해 자신의 최대 지불 용의보다 낮은 가격에 (두 번째 최대 지불 용의가 있는 입찰자가 추가 입찰을 포기한 가격) 물건을 획득할 수 있다.

하지만 네덜란드식은 밀봉 입찰과 같이 상대 경쟁입찰자들이 경매품에 대해 얼마나 지불하는지 알 수 없다. 즉, 경쟁 입찰자에 대한 입찰 금액 정보가 '밀봉' 되어 있다. 이론적으로는 다른 경쟁 입찰자의 숫자에 따라 입찰가를 정규분포로 두고 자신이 생각했던 가치보다 약간 더 낮은 가격대에 입찰을 해야 인센티브가 생긴다. 그러나 현실적으로는 자신이 생각했던 가치보다 약간이라도 낮은 값이 나오면 그다음 호가가 불리기 전에 입찰 의사를 제시할 수밖에 없다. 입찰자들이 생각하는 가치가 정규분포대로 퍼져 있지 않고, 상대가 생각하는 입찰가가 얼마인지 알 수 없기 때문이다.

더치 경매의 탄생 🔍

[표 24-1]은 일반적인 방식을 따른 가스 경매 예시다. 트랜잭션1에서 트랜잭션6까지 채굴자는 35gwei를 보상으로 받게 된다. gwei는 가스 비용을 다룰 때 사용되는 이더(ETH)의 단위이다. [표 24-1]의 경매 방식에서는 가스비가 7gwei 이상만 책정해 이 금액이 가스비의 기준점이 된다. 이 기준이 책정되었으므로 앞으

트랜잭션	경매	지불
트랜잭션1	11gwei	11gwei
트랜잭션2	8gwei	8gwei
트랜잭션3	7gwei	7gwei
트랜잭션4	5gwei	5gwei
트랜잭션5	3gwei	3gwei
트랜잭션6	1gwei	1gwei

[표 24-1] 네덜란드식 경매 방식 1

로의 모든 거래에서 채굴자는 이 구조를 이용하게 된다.

[표 24-2]는 네덜란드식 경매 방식을 따른 가스 경매 예시다. 앞에서처럼 가스비가 책정된 거래가 있을 시, 기존 구조에서 채굴자는 모든 거래를 포함한다. 반면 네덜란드식 경매 방식을 따른 [표 24-2]와 같이 채굴자는 이익을 극대화하기 위해 가스비가 7gwei 이상인 트랜잭션만 블록에 담는다. 7gwei보다 더 낮은 5gwei를 선택하면 전체 수익이 20gwei로 줄어들게 되고, 더 높은 8gwei를 선택해도 역시 16gwei로 전체 수익이 줄어들기 때문이다. 이처럼 가치가 낮게 부여된 거래들이 블록에 담기지 않기 때문에 네트워크 전체에 트랜잭션이 일으키는 부담

트랜잭션	경매	지불
트랜잭션1	11gwei	7gwei
트랜잭션2	8gwei	7gwei
트랜잭션3	7gwei	7gwei
트랜잭션4	5gwei	7gwei
트랜잭션5	3gwei	7gwei
트랜잭션6	1gwei	7gwei

[표 24-2] 네덜란드식 경매 방식 2

도 자연히 줄어들게 된다.

이 같은 방식을 채택하면 컴퓨터 자원의 낭비를 막을 수 있다는 점 외에도 몇 가지 장점이 더 있다. 먼저 트랜잭션을 보내는 이용자의 입장에서 깊은 고민을 할 필요가 없게 된다. 자신이 생각하는 트랜잭션의 가치만큼을 가스비로 담으면 되기 때문이다. 네덜란드식 경매에서는 자신이 생각하는 가치만큼을 호가로 제시하는 것이 제일 안전하기 때문이다.

자신이 생각하는 가치보다 더 높은 가격을 제시하는 경우, 가장 낮은 가격을 부르는 사람이 돼 자신이 생각하는 가치보다 더 높은 가격을 지불하게 되어 손해를 볼 수 있다. 그리고 자신이 생각하는 가치보다 더 낮은 가격을 제시하는 경우에는 자신이 제시한 가격보다 더 높은 가격에서 채택이 될 경우, 자신의 거래는 체결되지 않게 될 수 있다. 따라서 참여자에게는 자신이 생각하는 거래의 가치만큼을 제시하는 게 가장 우월한 전략이 된다.

채굴자의 입장에서는 받아들일 수 있는 트랜잭션의 수가 줄어들어 수익이 감소한 것처럼 보인다. 하지만 가스비를 적게 부담하기 위해 가스비를 낮춰 부르던 이용자들은 이제 스스로가 생각하는 트랜잭션의 가치만큼을 호가로 제시하게 돼 기존에 제시되던 가스비보다 전체적으로 높은 가격이 형성될 유인이 있다. 따라서 채굴자의 수익이 반드시 감소하는 것은 아니다.

디센트럴랜드의 네덜란드식 경매 🔍

또 다른 사례도 한번 알아보자. 디센트럴랜드(Decentraland, LAND)는 이더리움 블록체인 기반의 가상현실(VR) 플랫폼을 위한 암호화폐고, 디센트럴랜드에서 사용되는 토큰인 마나(MANA)는 디센트럴랜드를 이용하기 위해 사용되는 토지를 구매할 수 있는 기능을 가지고 있다. 가상현실 세계에서 사용자는 토지를 구매하고 다양한 활동을 할 수 있으며, 다른 사용자에게 토지를 판매할 수도 있다. 디센트럴랜드는 네덜란드식 경매를 채택했는데, 사용자가 블록체인 기반 가상현실 플랫폼 자체를 구축하는 것에 의의를 두고 있기 때문으로 파악된다.

이 LAND를 구매한 사람은 자신이 소유한 콘텐츠를 직접 설정하고 제작할 수 있으며 이러한 모든 콘텐츠는 MANA로 거래할 수 있다. 블록체인이 적용된 플랫폼이기 때문에 중앙화되어 있지 않아 중개자 없이 본인이 발생시킨 수익을 100% 본인이 가져갈 수 있다는 점이 큰 장점이다. 최근 미지의 우주 행성에 이름을 붙이고 그에 따른 소유권을 주장하는 사람들이 생겨나고 화성의 땅을 구매한다는 이야기도 들려오는 마당에 블록체인을 기반으로 하는 플랫폼에 관심을 가지는 것이 마냥 허무맹랑한 일은 아니다.

디센트럴랜드의 인기는 실제로 진행되었던 1차 경매를 통해 확인할 수 있다. 1차 부지의 경매는 네덜란드식 경매로 이루어졌으며 총 3만 4,356개가 매각되었고 1억 6,000만 개 이상 MANA가 소각되었다, 마지막으로 잔여 필지가 2차 경매 대상이 되었다. 성공적인 1차 경매로 인해 이 프로젝트에서 공식적으로 작년 1차로 거래된 곳들은 10배 이상 올랐으며, 2차 경매 역시 네덜란드식 경매로 진행된다.

네덜란드식 경매를 이용하는 이유로는 합리적으로 거래할 수 있는 '눈치 싸움'이기 때문이다. 구매자 입장에서는 시장에 나온 매물을 저렴하게 구입하는 것이 매우 합리적인 판단이다. 실제로 거래가를 확인할 수 있고 경매가가 시장가보다 낮아진다면 네덜란드식 경매가 훨씬 이익을 많이 가져오는 방법이다.

　암호화폐 공개는 2017년 이후에 각종 규제와 사기 등의 문제가 불거지면서 IEO(Initial Exchange Offering, 가상자산 거래소 공개)와 IDO(Initial Decentralized Exchange Offering, 탈중앙화 거래소 공개)로 발전했다. ICO는 IEO를 새로운 자금조달 방식으로 채택했다. 프로젝트 내에서 직접 토큰을 판매하는 ICO와 달리, IEO의 경우 거래소가 토큰 판매를 주도했다. IEO는 프로젝트에 대한 검증을 진행하고 토큰 판매를 대신 진행해주었기에 투자자들에게 ICO보다 신뢰할 수 있는 방식으로 여겨졌지만 IEO에 대한 불만도 없는 것은 아니다. 이에 2020년 디파이(De-fi, 탈중앙화 금융) 서비스의 성장과 탈중앙화 거래소(DEX)에서 이뤄지는 IDO 확산으로 이어지고 있다. 그러나 IDO 역시 토큰의 진위여부 판별이 어려운 문제 등은 여전하다.

　고 네트워크(GO Network)는 이더리움을 모바일로 결제할 때 트랜잭션 속도를 빠르게 해주는 프로토콜 코인으로, 이들의 ICO는 ETH 워털루(ETH Waterloo)라는 세계에서 가장 큰 이더리움 해커톤(Etherium Hacathon)에서 우승하며 유명해졌다. 해커톤은 해커와 마라톤의 합성어로, 기획자와 개발자가 협업해 단기간에 결과물을 만들어내는 경연을 뜻하는데 이중 가장 큰 행사가 ETH 워털루다. ETH 워털루는 32개국, 400명 이상이 참가하는 대회다. 이더리움의 창시자 비탈릭 부테린이 직접 심사를 하고 있다. 고 네트워크의 암호화폐 공개는 오프체인 기술을 사용해 트랜잭션 비용을 낮출 수 있었고, 처리 속도도 빨라졌다. 이 결과로 모바일에서 소액 결제로 생성되는 많은 거래를 할 수 있다. [그림 24-1]은 고 네트워크 암호화폐 공개를 도식화한 그림이다.

　[그림 24-1]처럼 암호화폐 공개는 비트코인, 달러 등과 유기적으로 연결되어 있다. 게다가 모바일에서 소액 결제가 가능해지면서 데스크톱이 없는 환경에서

[그림 24-1] ICO 방식

출처: freepik

도 모바일 기기만으로 거래하게 되면서 이더리움의 확장성이 늘어났다. 고 네트워크의 암호화폐 공개는 모바일 게임 내에서의 결제와 연관이 깊은데, 이전까지의 소액 결제들은 중개자가 높은 수수료를 가져갔지만, 블록체인 기술을 이용해고 네트워크는 훨씬 낮은 1.5%의 수수료만으로 거래가 가능하다. 이는 결국 개발자와 사용자에게 쌍방으로 도움이 된다. 또 신용카드로도 GOT 코인을 사용할수 있게 해두었다. 이는 게임 아이템을 구매하고 거래하고 바로 현금처럼 사용할수 있게 되면서 고 네트워크는 네덜란드식 경매를 사용한다.

day
25

비크리 경매
이해하기

비크리 경매의 탄생

　최고가 밀봉 경매는 다른 말로 최고가 비공개 경매라고도 한다. 이는 비공개 경매 방식의 하나로 밀봉한 입찰 서류에 각자 가격을 적어 제출하면 최고 입찰가를 써낸 사람에게 물건이 낙찰되고, 낙찰자는 자신이 써낸 최고가를 지불하는 방식을 말한다. 최고가 밀봉 경매 중에 비크리 경매(Vickey ㄴAuction)라는 방식이 있는데, 이 역시 경쟁 입찰 방식을 통해 가격을 결정하는 방법으로 윌리엄 비크리(William Vickrey)에 의해 고안되었다. 이는 블라인드 경매와 2차 가격 경매를 합친 경매방식이다. 이는 공개적으로 진행되는 경매와는 달리 경매 참여자들이 서로 어떠한 가격에 응찰했는지 확인할 수 없는 밀봉 입찰 거래에 해당한다. 참가자는 각각 입찰가를 다른 사람이 보지 못하도록 제출하고, 입찰자 중에서 제일 높은 가격을 적어 낸 사람이 입찰을 받는다.

이때 특이한 점은 입찰을 받은 사람이 내는 금액은 자신이 적어낸 최고가가 아니라 다른 사람들이 적어 낸 금액 중 최고가 바로 다음으로 높은 금액이다. 만약 A가 500달러, B가 400달러, C가 300달러, D가 200달러를 적어냈다면, 경매는 A가 가져가되 400달러만 지불하면 되는 구조다. 이 이론은 최고가가 아니라 두 번째로 높은 금액을 내기 때문에 판매자가 손해를 보는 구조처럼 보일 수도 있지만, 사실은 조금 다르다.

두 번째로 높은 금액을 낸다는 시스템 자체가 입찰자들이 더 높은 가격을 적어내게 하는 경제적 유인책이 되므로 경매 진행자는 오히려 많은 금액을 벌 수 있다. 입찰자는 이익을 보기 위해서 입찰을 하기 때문에, 자신이 생각한 가치보다 적은 금액을 내려고 한다. 그래서 일반적인 경매에서는 입찰자는 가격 결정을 하거나 낙찰되는 순간을 경험하기 위해 가격에 대한 심각한 고민을 하게 되고 이 고민 때문에 정작 낙찰받아야 할 사람이 낙찰을 못 받게 되는 어이없는 상황에 빠지지만 비크리 경매에서는 상대적으로 이런 고민이 적다. 낙찰을 받아도 자신이 제시한 금액보다는 적게 내기 때문이다.

비크리는 케임브리지대학교 경제학 교수인 J. A. 멀리스(J. A. Mirrlees)와 함께 정보가 불완전하거나 불균형한 상황하에서의 경제적 이득을 연구한 '비대칭 정보에서의 유인'이라는 이론을 발표했다. 이 이론에서는 행동 주체가 불완전한 정보를 바탕으로 경제적으로 어떠한 결과를 도출해내는가에 초점을 맞추고 있다. 이 이론이 보험 시장, 채권 시장, 경매, 기업의 내부 조직, 임금 체계, 조세 제도, 사회 보장, 경쟁 조건 등에 대한 이해를 높이도록 한 업적이 인정되어 그는 1996년도 노벨 경제학상을 받았다.

비크리 경매와 블록체인 기술의 만남 🔍

비크리 경매에도 한 가지 약점이 존재한다. 바로 경매 주최자가 가격을 조작할 수 있다. 입찰자들은 다른 사람이 적어 낸 가격을 모르기 때문에, 주최자 측에서 돈을 더 받기 위해 입찰 금액을 적어낸다 해도 알 방법이 없다. 비크리 경매는 주최자를 신뢰하지 못한다면 이뤄지지 않는다. 그런데 블록체인이 이런 비크리 경매의 부작용을 막아줄 수 있다. 블록체인상에서는 경매 주최자의 신용도와 상관없이 비크리 경매를 투명하게 진행할 수 있게 된다. 비크리 경매는 블록체인 안에서 어떻게 구현할 수 있을까? 비크리 경매가 구현되는 방법은 다음과 같다.

❶ 입찰을 받기 전 먼저 최대로 입찰할 수 있는 토큰 양을 설정해둔다. 모든 입찰자가 최대 입찰가만큼의 토큰을 스테이킹하고 암호화된 입찰가를 제출한다.

❷ 입찰 시간이 지나면 입찰한 이는 자신의 입찰가를 공개한다.

❸ 입찰 확인이 끝나면 낙찰자가 자동으로 확인할 수 있다. 낙찰자는 미리 스테이킹한 금액에서 두 번째로 높은 금액을 제외한 만큼의 토큰만 돌려받고 물품을 수령한다. 그 외의 입찰자는 스테이킹한 금액 전부를 돌려받지만, 입찰가를 공개하지 않은 유저는 스테이킹한 금액을 돌려받지 못한다.

블록체인 기술의 입찰 방식 🔍

이더리움 네임 서비스(ENS)는 오늘날 도메인 시스템(DNS, Domain Name Server)과 비슷하게 작동해 컴퓨터 이름 대신 사람이 읽을 수 있는 이름을 만든다. 그러나 이더리움 이름은 인터넷 도메인이 웹사이트를 가리키는 것처럼, 이더리움에 있어서 지갑, 분산된 스토리지 시스템(저장 시스템) 등의 콘텐츠와 같은 이더리움 자산을 가리킨다. 또한 이더리움 네임 서비스 자체는 스마트 컨트랙트로 탈중앙화되어 운영된다.

❶ 경매를 열 때 이름에 대해 지불할 의사가 있는 최대 입찰가를 입력한다. 그러나 두 번째로 높은 입찰금을 지불하며 아무도 입찰하지 않으면 최소한 0.01ETH를 지불해야 한다. 공교롭게도 NFT 작품을 오픈시에 올릴 때도 0.01ETH를 지불한다.

❷ 이름에 입찰할 수 있는 기회는 오직 한 번뿐이다. 이때, 모든 입찰가는 봉인되어 있어서 볼 수 없으므로 입찰에서 이기려는 사람은 맹목적으로 행동하게 된다. 그들은 지불할 의사가 분명히 있는 그 이름을 위해 맹목적으로 입찰을 진행하게 되고 결과적으로 돈을 많이 낸 사람이 이기게 된다.

❸ 비밀을 유지할 수 없는 스마트 컨트랙트에는 중앙 집중식 신뢰 서비스가 없으므로 참여자는 입찰가를 스스로 공개해야만 한다. 입찰 날짜를 정한 후 곧바로 이름을 공개하기 때문에 사람들이 입찰을 잊지 않게 된다는 장점이 있다.

비크리 경매 시 주의사항

이렇게 완벽해 보이는 스마트 컨트랙트인 블록체인 기술의 경매 계약이지만 여기에도 세 가지 정도의 주의할 사항이 있다.

❶ 버그로 인해 사용자가 대문자가 혼합된 이름을 입력했을 때 잘못된 도메인에 입찰하는 경우가 있을 수 있다. 프로그램에서 이런 오류를 개선하는 중이다.

❷ 입찰가를 적용한 후 데이터를 백업하기 전에 브라우저를 재설정하기 때문에 입찰가

를 공개하지 못하게 되는 버그가 있었다. 이 역시 계속 개선되는 중이다.

❸ 3일의 입찰 기간 후에 수동으로 입찰가를 표시하기 위해 48시간만 열리는 화면이 있다. 이 시간 안에 입찰가를 표시하지 않으면 준비해놓은 이더리움이 사라진다. 하지만 이제는 시스템에서 즉시 입찰가를 다운로드하라는 메시지를 표시하므로 사람들은 잊지 않게 되었다.

day
26

온라인 미술품 경매
이해하기

경매 가격은 누가 정하는가 🔍

경매는 인류가 가장 오래전부터 가격을 부과했던 방식이었다. 이는 경매의 특성 때문인데 지금처럼 표준화한 제품을 불특정 다수를 상대로 판매할 수 없었던 시절에 가격을 매기는 가장 효율적인 방법 중 하나였기 때문이다. 즉, 경매는 해당 제품에 부여하는 가치가 매번 달라질 때 주로 사용된다.

경매 이외의 다양한 가격 결정 방법론이 발달한 오늘날에도 여전히 경매를 통해 가격이 결정되는 품목이 있다. 농산물, 수산물 등은 여전히 경매 방식이 유용하다. 같은 농산물이라 하더라도 산지가 어디인지, 심지어 어느 농장에서 재배했는지에 따라 맛과 향, 당도 등이 전혀 다르므로 가격도 달라질 수밖에 없다. 심지어 같은 농장에서 재배한 농작물이라 하더라도 상태에 따라 가격이 달라질 수 있다.

다른 이유에서 경매를 통해 가격을 결정하는 품목들도 있다. 팔고자 하는 물

[그림 26-1] 흥선대원군 글씨 병풍   출처: 〈KBS 진품명품〉, 방영일: 2021.11.07.

건은 하나인데, 이를 구매하려고 하는 사람이 여러 명일 경우 경매가 유용하다. 많은 예술품이 경매로 거래되는 이유다. 이는 물건의 지속적인 보존 가치나 어떤 특별한 기준 등에 의해 가격이 결정되기 때문에 경매에 적합하다. 위의 작품은 〈KBS 진품명품〉에서 소개되었다. 첫 의뢰품은 흥선대원군이 자필로 작성한 멋진 병풍이다.

이는 2021년 11월 7일 KBS1 TV에서 방영된 내용으로, 출연진의 감정가 추정은 4,400만 원에서 7,000만 원 정도로 다양했으며 소더비 경매에 나올 법한 작품으로 평가받았다. 추정 감정가는 최종 4,000만 원으로 결정되었는데 모든 폭에 낙관이 있었다면 더 좋은 평가를 받았을 것으로 예상되었다. 이런 작품들도 얼마든지 NFT의 영역에 들어올 수 있다.

[그림 26-2] 대한민국 5000년 기념주화 출처: 〈KBS 진품명품〉, 방영일: 2021.11.07.

[그림 26-2]는 1970년도에 발행된 기념 주화로, 약 50여 종밖에 남아 있지 않다. 이 두 의뢰품을 보아도 골동품 또는 문화재 같은 경우, 그 특수성이 여러 면에서 미술품과 유사하다. 그러나 이 방송을 오랫동안 지켜보면서 의아하다는 생각이 들었다. 우선 가격을 매기는 기준이 모호하다고 느낄 때가 많았다. 예술가 입장에서는 미술품을 시장에 내놓을 때 객관적으로 자신의 작품을 평가해줄 수 있는 전문가와 대중을 찾게 된다. 그런데 직접 구매하는 이가 아니라 전문가가 가격을 매기는 것이 정당한가 하는 의문이 들었다. 구매하는 사람이 직접 결정하는 방식이 좀 더 합리적일 수 있다. 이러한 특수성 때문에 미술품 역시 경매 시장에서 환영받는 아이템이다.

물론 골동품과 현대예술의 경매 방식이 똑같지는 않지만 상당 부분 유사하다. 국내 미술품 경매 회사 중 하나인 케이옥션에서 1년에 10회 이내로 경매가 열리며, 한 번 경매가 열리면 120점에서 150점 정도를 선보인다. 케이옥션은 2021년 상반기 매출액은 231억 원, 영업이익은 105억 원을 기록했다. 또한 같은 기간 케이옥션의 국내 미술품 경매 시장 점유율은 42.2%다. 케이옥션의 수입원은 상품

매출(44.3%)과 수수료 수입(54.9%)으로 나뉘는데 수수료 수입은 미술품 경매에서 발생되는 낙찰 수수료와 위탁 수수료로 구성된다. 위탁 수수료는 미술품 소장자에게서 받는 수수료로서 보통 낙찰가의 16.5%에서 99.8% 사이에서 정해진다.

경매시장에서 가장 큰 경쟁력은 미술품 확보 능력이다. 경매를 개최하려면 최소 수십 명의 작가에게서 100점 이상의 작품을 확보해야 하는데, 작품 확보 능력과 세일즈 역량이 필요하다 보니 경매 시장에 진출하고자 하는 다른 기업에는 높은 진입장벽이 될 수밖에 없다. 케이옥션의 이 같은 미술품 확보 능력에 힘입어 미술품 경매 시장은 날로 성장하고 있다. 한국 미술 시장 정보 시스템에 따르면 2021년 1분기 경매를 통한 미술품 낙찰액은 528억 원으로 전년 동기 대비 약 2.4배 성장했다. 2분기 낙찰액은 921억 원으로 전년 동기 대비 3.7배의 높은 성장률을 이어갔다. 이런 높은 성장률은 인테리어 수요, 전 세계 유동성 증가와 맞물려 있다고 분석할 수 있는데 이런 이유로 미술품 시장은 현재 시점에서뿐만 아니라 앞으로도 계속 성장할 것이다.

아울러 온라인 미술품 시장도 계속 증가세에 놓여 있다. 2019년 온라인 미술품 시장 점유율은 9%였으나 코로나19 이후 비중이 증가했다. 케이옥션은 미술품 경매 회사 최초로 온라인 경매를 도입했으며 2015년 국내에서 처음으로 미술품 유통 플랫폼 케이오피스(K-Office)를 개발했다. 케이옥션은 해당 작품과 비슷한 작품의 최근 낙찰가, 경매 응찰자 응찰 횟수, 낙찰 여부가 데이터화되어 해당 작품의 시세와 시장에서의 관심도가 객관적으로 책정될 수 있다. 케이옥션은 이번 상장으로 마련한 자금을 미술품 등 자산 취득과 시설 투자에 사용할 계획인 동시에, NFT와 2차 저작물 등을 위한 재산권도 확보 중이다.

day 27

어떤 NFT를
구매할 것인가

오픈시 상위 랭킹 🔍

　오픈시 상위 NFT를 검색하려면 사이트 주소(opensea.io/activity)를 직접 입력해도 되고 오픈시 사이트의 오른쪽 위에 위치한 랭킹(Ranking)에서도 확인 가능하다. 2022년 4월 15일 기준, 상위 NFT는 조안 코넬라의 〈MOAR〉이고, 2위는 〈아케이드 랜드〉, 3위는 〈신세카이 포털〉이다. 상위 NFT는 7일 단위로 오픈시 자체 집계를 통해 수시로 그 순위가 변한다.

　이후 필터를 통해 '영업(Sales, 판매 순위)'을 선택하면 '컬렉션 항목'이 검색된다. 〈옴니 모기〉, 〈GS 돌연변이 #1372〉 등이 인기가 높다는 것을 확인할 수 있다. 순위를 확인할 때는 활동(Activity)보다는 랭킹(Rankings)으로 확인해야 현 시점에서 인기 있는 NFT를 바로 찾아낼 수 있다. 관심 있는 NFT를 확인했다면 트위터나 디스코드 등을 통해 해당 NFT에서 논의되는 점 등을 찾아보자.

[그림 27-1] 오픈시 상위 NFT 순위

[그림 27-2] 오픈시 컬렉션 항목

NFT를 만들 때 참고할 만한 NFT 🔍

초심자가 NFT를 만든다면 [그림 27-3]과 같은 작품을 참고해보는 것은 어떨까. 작품의 주인공은 인도네시아 학생 술탄 구스타프 알 고잘리(Sultan Gustaf Al Ghozali)로, 그는 자신의 셀카를 찍은 〈셀카 NFT〉를 판매해 100만 달러(약 12억 원)를 벌었다. 고잘리는 2017년부터 2021년까지 졸업식을 기념해 타임랩스 비디오로 이미지를 조합하는 작업을 하려고 컴퓨터 앞에 있는 무표정한 자신의 얼굴을 담았다. 그는 오픈시에 약 1,000여 장(2022년 4월 기준, 933개)의 상반신 셀카 사진을 판매했다. 그는 2021년 12월 〈고잘리의 매일(Ghozali Everyday)〉을 오픈시에 민팅했다. 당시 개당 가격은 3달러였으나, 한 유명인이 그의 NFT를 구매했다고 인증하면서 홍보 효과를 얻어 수요가 급증했다. 컴퓨터공학을 전공한 평범한 학생인 그는 셀카 사진으로 일약 스타 작가가 되었다. 고잘리의 작품은 사이트 (opensea.io/collection/ghozali-everyday)에서도 확인할 수 있다.

고잘리의 셀카 한 장은 2022년 1월 14일 기준, 0.247ETH(약 806달러)에 팔렸

[그림 27-3] 오픈시 인기 NFT 작가 고잘리의 작품 컬렉션

[그림 27-4] 오픈시 인기 NFT 작가 고잘리의 작품

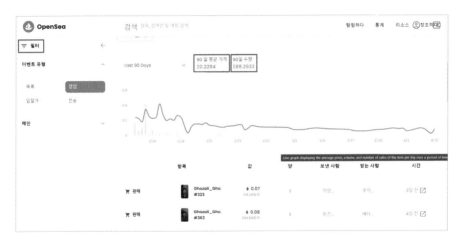

[그림 27-5] 오픈시에서 확인 가능한 고잘리의 작품 가격

다. 2022년 4월 기준 고잘리의 작품은 평균 0.075ETH 이상이다. 그의 NFT 중 개별 최고가가 0.9ETH(총 가치로는 약 3,000달러, 약 358만 원)에 달하는 것도 있다. 고잘리의 컬렉션은 총 거래량 317ETH를 달성했는데 총 100만 달러 이상의 가치가 있는 것으로 추정된다. 한편 고잘리는 NFT의 2차 판매로 총 10만 3,620달러(약 1억 2,300만 원)의 수익을 올렸다.

고잘리의 NFT를 통해 두 가지를 확인할 수 있다. 첫째는 셀카와 같은 개인적인 사진 파일도 NFT 소재로 활용될 수 있다. 개인의 이미지가 특별한 편집도구 없이도 NFT를 만들 수 있다는 점이다. 두 번째는 자신의 정체성(아이덴티티)도 얼마든지 NFT로 만들어 인기를 끌 수 있다는 점이다. 자신의 아이덴티티야말로 세상에 존재하는 단 하나의 소재가 되기 때문이다.

NFT 서치하기

국내에서 제작되는 NFT 역시 최근 급증하는 추세다. 그중에서 원하는 작품을 찾는 방법은 다음과 같다. 오픈시에서 탐색(Explore) 섹션을 찾아 현재 거래 가능한 NFT를 분야별로 찾아볼 수 있다. 수집품(Collectibles), 예술품(Art), 스포츠(Sports), 유틸리티(Utility)와 같은 주제 중 관심 가는 분야를 중심으로 마음에 드는 작품이 있는지 둘러보자. '최신 등록순', '가격 낮은 순', '현재 판매 중' 등의 조건

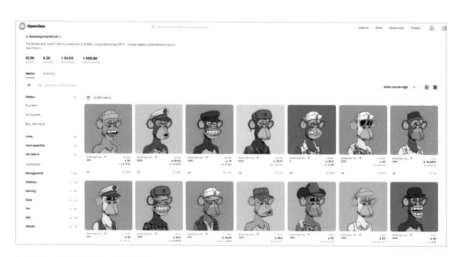

[그림 27-6] 보어드에이프 요트클럽

출처 : 오픈시 웹사이트

을 걸어 일반 인터넷 쇼핑몰처럼 탐색해도 좋다. 또는 글로벌 거래량 기준 상위권에 있는 NFT 프로젝트를 검색하면 된다.

미리 관심을 두었던 작가가 있다면 마켓플레이스 검색창에 해당 NFT 이름을 입력해도 된다. 유명 프로젝트는 그림만 똑같이 복사해 올려놓은 이른바 사기성 NFT도 많이 제작되므로 해당 NFT와 연결된 소셜미디어 또는 웹사이트에서 작품 이름, 작가의 이력 등을 꼼꼼하게 분석해야 한다.

최근 NFT 시장에서 가장 뜨거운 키워드는 '원숭이'다. 유인원 그림을 내세운 〈보어드에이프 요트클럽(BAYC)〉과 〈뮤턴트에이프 요트클럽(MAYC)〉이 상위에 랭크되어 있다. 클럽이라는 이름에서 볼 수 있듯 두 프로젝트는 모두 멤버십 형태로 운영됨을 유추할 수 있다. BAYC 누적 거래액은 14억 달러, 2022년 3월 한 주에 4,158만 달러를 기록했다.

이번 주에 배운 내용을
정리해보자

● 오픈시에서는 공개 오름 경매(영국식 경매)와 공개 내림 경매(네덜란드식 경매) 중 하나를 선택할 수 있다. 공개 오름 경매, 즉 영국식 경매는 낮은 가격에서 높은 가격으로 경매가 진행되며 경매가 끝날 때 가장 높은 금액을 부른 사람이 NFT 소유권을 가져가는 방식이다.

● 공개 내림 경매, 즉 네덜란드식 경매는 높은 가격에서 시작해서 시간이 지나면서 가격이 점차 내려가는 방식이다. 가격이 책정된 첫 번째 사람이 낙찰자가 되기 때문에 영국식 경매처럼 여러 번의 입찰이 발생하지 않는다.

● 최고가 밀봉호가 경매는 밀봉한 입찰 서류에 가격을 기재해 제출한 사람 중에서 최고 가격을 제시한 사람이 경락자가 되는 경매이다. 차가 밀봉 경매는 두 번째 최고가 비공개 경매로, 최고가 밀봉호가 경매와의 차이점은 두 번째 높은 경매가가 결정된다는 데 있다. 비크리 경매가 이에 속한다.

● 이더리움 네임 서비스(ENS)는 오늘날 우리가 알고 있는 DNS(Domain Name Server)

시스템과 비슷하게 작동해 컴퓨터 이름 대신 사람이 읽을 수 있는 이름을 만든다. 그러나 이더리움 이름은 인터넷상의 도메인이 웹사이트를 가리키는 것처럼, 이더리움에 있어서 지갑, 분산된 스토리지 시스템(저장 시스템) 등의 콘텐츠와 같은 이더리움 자산을 가리킨다. 또한 이더리움 네임 서비스(ENS) 자체는 스마트 컨트랙트로 탈중앙화되어 운영된다.

● NFT 마켓플레이스인 오픈시에서 원하는 작품을 찾는 방법은 다음과 같다. 오픈시에서 탐색(Explore) 섹션을 찾아 현재 거래 가능한 NFT를 분야별로 찾아볼 수 있다. 수집품(Collectibles), 예술품(Art), 스포츠(Sports), 유틸리티(Utility)와 같은 주제 중 관심 가는 분야를 중심으로 마음에 드는 작품이 있는지 둘러보자. '최신 등록순', '가격 낮은 순', '현재 판매 중' 등의 조건을 걸어 일반 인터넷 쇼핑몰처럼 탐색해도 좋다. 또는 글로벌 거래량 기준 상위권에 있는 NFT 프로젝트를 검색하면 된다.

week
5

NFT 추가 정보
알아보기

NFT를 공짜로 구매해보자
NFT, 메타버스, 블록체인을 더 깊이 알아보자

day
29

NFT를 공짜로
구매해보자

공짜로 NFT를 구매해보자

NFT를 공짜로 구매하는 방법은 NFT를 공짜로 민팅하는 것보다 쉽다. NFT를 무료로 얻는 방법은 몇 가지가 있는데 그중 첫 번째는 P2E(Play to Earn) 방식의 게임을 통해 무료 NFT를 얻는 방법이 있다. 둘째는 NFT 경품을 통한 증정을 받는 방법이다. 셋째는 NFT 에어드롭, 넷째는 NFT 브리딩, 다섯째는 무료 NFT를 직접 민팅하는 방법이다.

P2E 방식으로 NFT를 얻어보자

P2E 게임을 통해서 얻는 방법은 무엇일까? 이를 확인하기 위해 NFT 거래를 활성화하기 위해 만들어진 NFT 기반 컴퓨터 게임에 가입한다. '스펠스 오브 제네시스(Spells of Genesis)'는 최초의 NFT 게임이었고 이후 소라레(Sorare)와 풋볼코

인(Football Coin)도 비슷한 방식으로 운영되었다. 사용자는 NFT 게임을 수집하고 게임을 시작할 때 수많은 무료 카드를 받을 수 있는데 이 카드는 암호화폐를 벌기 위해 사용 가능하다. 사용자는 이 혜택을 얻기 위해 왁스(WAX) 계정 설정을 해야 하며 NFT를 이곳에 저장하면 단 몇 초만으로도 진행 가능하다. WAX 게임들은 또한 무료 NFT 드롭을 포함하고 있기 때문에 최근에 설정된 새로운 게임을 검색하는 것이 중요하다.

경품 응모에 도전해보자

NFT 경품을 통해 증정받아보자. 다양한 커뮤니티에서는 사용자의 참여를 높이기 위해 무료 디지털 아이템을 제공한다. 사용자는 디스코드 커뮤니티에 가입해서 무료 NFT를 받을 수 있다. 트위터, 텔레그램 등의 채널에서도 관련 정보를 얻을 수 있다. 참고로 크립토멍키 디스코드(Cryptomonkeys Discord)에서는 회원들에게 NFT를 무료로 제공한다. 또 다른 커뮤니티인 에일리언 월드(Alien World)에서도 무료 NFT를 받을 수 있다. 이는 암호화폐 이용자들이 지속적으로 게임을 할 수 있도록 인센티브 개념으로 제공해주는 서비스이다.

트위터를 통해 NFT를 받는 경품 행사를 하는 회사도 있으므로 해시태그로 NFT(#NFT)를 즐겨찾기에 등록해두고 무료로 혜택을 제공하는 곳에서 NFT를 받을 수 있다. 이런 무료 프로젝트는 앞으로 경품 행사에 참여할 잠재적인 경품 당첨자들의 정보를 통해 내용이 공유되므로 이에 대한 정보를 적극적으로 찾아보자.

에어드롭을 이용해보자

NFT 에어드롭을 통한 방법도 있다. 암호화폐 기업이 대중에 스톡옵션 개념으로 자본을 조달하는 시기를 통해 이를 받을 수 있다. 이는 새 토큰 출시와 맞물려 암호화폐 기업이 고객을 유치하기 위해 제공한다. 오픈 다오(OpenDAO)의 경우 NFT 거래에 참여한 모든 사람에게 자체 토큰인 SOS의 에어드롭을 제공했다. 당시 일부는 수천 달러 상당의 토큰을 받았다.

NFT 프로젝트에 참여해보자

NFT 브리딩을 통해서도 무료 NFT를 얻을 수 있다. 이는 사용자들에게 디지털 자산의 창출을 지원해줄 목적으로, 더 많은 NFT를 구매하도록 권하는 프로젝트다. 이는 크립토키티나 엑시 인피니티(Axie Infinity)와 같은 유명한 프로젝트, 즉 동물 육성 게임과 비슷한 방법으로 브리딩(Breeding, 번식)이라 지칭한다. 예를 들어 크립토키티를 구입했을 경우 보유한 고양이들을 교배해 새로운 고양이를 생산하는 순간이 발생한다. 그러면 동일 사용자가 크립토키티를 다른 사용자에게 사이어(sire, 종마)로 주어야 한다. 이때 관련이 없는 두 개의 크립토키티를 가진 사용자는 한 개를 사이어로 사용하고 다른 하나는 매트론(Matron)으로 사용 가능하다.

직접 민트해보자

무료 NFT를 직접 민트(Mint)하는 방법도 있다. 폴리곤(Polygon)과 같은 블록체인의 민트를 이용해 이에 대한 구매 또는 소유권을 이전하는 것이다. NFT 민팅에 있어 비싼 이더리움 수수료 등으로 망설였던 이용자에게는 매우 적절한 방법이다. 폴리곤의 레이어2 솔루션 등이 이에 속하는데 폴리곤 블록체인을 사용하여 민팅을 하면 사용자의 아이템을 판매할 수도 있다. 오픈시에서 민팅할 때 지갑을 연결하고 컬렉션을 설정할 때 NFT가 들어간다. 이때 사용자들은 매틱(MATIC)을 사용하여 NFT를 사고팔 수 있다. 컬렉션 페이지에 정보를 입력 후 원하는 네트워크에 지불 암호화폐를 폴리곤으로 선택한다. 지불 지갑의 주소를 선택했다면 바로 사용 가능하다.

NFT, 메타버스, 블록체인을
더 깊이 알아보자

NFT와 메타버스, 블록체인의 시대 🔍

현재 디지털 자산은 현금 대체 디지털 자산, 디지털 세상의 아이템, 암호화폐, 전통 실물 자산의 디지털화, 저작권과 소유권, 데이터 관리 영역의 여섯 가지로 나눌 수 있다. 각각의 내용은 다음과 같다.

디지털 자산

현금 대체 디지털 자산	디지털 세상의 아이템	암호화폐	전통 실물 자산의 디지털화	저작권과 소유권	데이터 관리
• 디지털 캐시 • 쿠폰, 기프티콘 • 디지털 상품권 • 마일리지 포인트 • 로열티 포인트	• 게임 내 아이템 • 아바타 • 디지털 가상 제품 • 가상 부동산, 토지(샌드박스)	• 비트코인, 이더리움 • 스테이블코인 • 유틸리티코인 • 증권형 코인	• 실물자산의 디지털화 • 디지털 금융자산 (주식, 채권, 금 등)	• 디지털 영상 등 콘텐츠 저작권 • 소설과 만화 등 • 실물자산에 대한 소유권	• 거래증명성 • 개인정보 • 시스템 운영 • 기업 데이터

[그림 30-1] **블록체인 시장의 다음 메가트렌드 NFT**   출처: KB금융지주 경영연구소

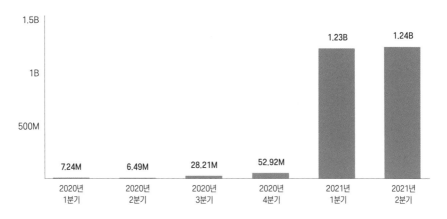

[그림 30-2] 디앱레이더 2021년 상반기 NFT 거래량

단위: 달러
출처: 로이터, 디앱레이더

NFT는 게임 아이템에서 실물 자산, 예술품 등이 블록체인에 의해 디지털 소유권이 보장되는 기술로, 비가역적(변경할 수 없는 속성) 거래증명 등에도 사용되고 있다. 코인데스크가 제공한 「2021년 암호화폐 동향 보고서」에 의하면, NFT는 2020년 12월에만 930만 달러어치 거래되었는데 2021년 3월에는 2억 2,600만 달러로 거래액이 25배 이상 증가했다. 게다가 이 시기 거래 금액은 2020년 전체 거래량의 총합을 초과했다. 글로벌 거래소 디앱레이더 역시 2021년 상반기까지 NFT 거래량은 25억 달러라고 발표한 바 있다. 오픈시 역시 2021년 8월에만 12억 3,000만 달러의 거래량을 기록해 NFT 거래 역사상 최초로 10억 달러를 돌파했다.

한편 국내에서도 2021년 4월 NFT 마켓플레이스 엔에프팅(NFTing)을 비롯해 그라운드X, 업비트, 코인플러그 등에서도 NFT 거래를 위한 플랫폼 개발 및 서비스를 시작했다. 한국 NFT 표준(K-NET)에 대한 개발 및 연구를 진행하는 아이템버스(Itemverse)가 대표적인 예인데, 아이템버스는 레디전 테크놀로지(Redision Technologi)와 NFT 공동으로 사업을 추진하고 있다. 아이템버스는 K-NFT, NFT 지갑, NFT 마켓 등 블록체인 게임과 함께 제공됨으로써 블록체인 산업 프로젝트 및 NFT 활용 결제 등을 도입할 예정이다. [표 30-1]에서 확인할 수 있는 것처럼 현재 다양한 분야와 영역에서 NFT를 활용한 새로운 비즈니스와 서비스, 인프라 등이 개발되고 있다.

분야	기업명	NFT 비즈니스
스포츠	미국프로농구(NBA)	NBA 톱숏(NBA Top Shot)
	미국프로야구(MLB)	MLB 챔피언십(MLB Championship)
	포뮬라1(Formula 1)	F1 델타 타임(F1 Delta Time)
패션	나이키	크립토킥스(Cryptokicks)
	루이비통 모엣 헤네시(LVMH)	명품 진위 블록체인 AURA
	브라이틀링(Brietling)	NFT를 이더리움 시스템으로 정품 인증
엔터테인먼트	터너 스포츠(Turner Sports)	블록리트 게임(Blocklete Games)
	워너뮤직그룹	대퍼랩스 투자
기업 & 인프라	AMD	로봇캐시 BGA와 파트너십
	마이크로소프트	애저 히어로(Azure Heroes)
	IBM	NFT 지원 커스텀 블록체인
	HTC	엑소더스 1(Exodus 1)
	삼성	NFT 지원 전자지갑
비디오 게임	유비소프트	래빗 토큰(Rabbit Tokens)
	캡콤	스트리트 파이터(Street Fighters)
	아타리	아타리 토큰(Atari Token)

[표 30-1] **NFT 도입 및 연구 기업 사례**　　　　　　　　출처: 논펀저블닷컴(Nonfungible.com)

[그림 30-3] 엑시 인피니티 게임

NFT는 국내에서도 카카오 게임즈, 웨미이드 등 게임회사들을 중심으로 도입되고 있다. 축구 게임 프로젝트인 소라레는 각국의 축구 리그 라이선스를 확보해 각 선수의 정보가 담긴 카드를 NFT로 발행, 배포하는 동시에 유저끼리 카드를 교환, 거래 및 수집하는 게임이다. 그중 〈크리스티아누 호날두 유니크 NFT(Cristiano Ronaldo Unique NFT)〉가 29만 달러에 판매되며 화제를 일으켰다.

가상자산을 기반으로 수익을 창출하는 엑시 인피니티는 스카이 마비스가 개발한 게임으로 '엑시'라는 캐릭터를 수집하고, 전투를 통해 이를 키우거나 캐릭터 간 교배를 통해 전투에 필요한 특징을 지닌 캐릭터를 만들어내는 게임이다. 게임 이용자는 엑시 인피니티 플레이를 통해 획득한 AXS와 SLP 토큰, 엑시 NFT를 엑시 인피니티 마켓플레이스에서 이더리움으로 판매하고, 이때 판매 금액으로 받은 이더리움을 가상자산 거래소에서 현금화해 수익을 창출할 수 있다.

| 디센트럴랜드 | 더샌드박스 |

[그림 30-4] NFT 게임 화면

출처 : 논펀저블닷컴, 라이언슐츠닷컴

국내 블록체인 게임 개발사인 플레이댑 역시 NFT와 메타버스를 융합한 기술을 기반으로 한 플레이댑 타운을 개발했다. 이 게임은 메타버스 게임 플랫폼 로블록스에서 즐기는 게임으로 유저 간 게임을 통해 얻은 포인트나 NFT를 게임 쿠폰의 형태로 사용 가능하고 이를 통해 캐릭터 꾸미기, 아이템 구매 등에 활용할 수 있도록 했다. 아이템 거래 역시 NFT로 이뤄진다.

이어 코로나19로 인해 모든 행사가 비대면으로 실시되면서 다양한 행사가 메타버스 내에서 개최되었다. 이용자는 자신만의 아바타를 생성해 다른 이용자와 소통하고 디지털 콘텐츠를 제작하며 또 거래한다. 이어 국내 엔터테인먼트 업체들은 앞다퉈 소속 연예인의 메타버스 아바타와 굿즈, 음원 등을 NFT로 발행해 판매하는 동시에 NFT로 앨범을 발매했다. 무한한 확장이 가능한 만큼 앞으로는 소셜미디어와 NFT가 결합하면 새로운 방식의 연예인이 탄생할 수도 있다.

  블록체인 아티스트 로버트 앨리스(Robert Alice)는 〈마음의 초상화〉라는 작품을 제작하면서 1,230만 자릿수의 코드를 직접 손으로 그려 이를 NFT에 담았다. 그림 길이만 50미터가 넘고 총 40개의 그림이 함께 모여 하나의 작품으로 구현됐다. NFT 작품이 늘어나면 더 많은 예술가들이 가상자산을 통해 자신의 작품을 선보이는 동시에, 장기적으로 예술가들에게 더 많은 기회를 제공할 것이다. 이처럼 누구나 작가가 될 수 있는 시장이 NFT 시장이다. 물론 이를 위한 준비과정은 반드시 필요하다. 이제까지 성공한 NFT 작가들은 그림을 수없이 그리고 고치는 과정을 반복했다.

  마리 킴 작가는 우주를 연상시키는 색감에 똘망똘망한 큰 눈의 귀여운 소녀를

[그림 30-5] 〈마음의 초상화〉   출처: portraitsofamind.robertalice.com

구분	사례	내용	작품 구분
국외	〈마음의 초상화〉	2020년 10월, 크리스티 경매소에서 진행 작품의 소유권 분산을 위해 부분 NFT 발행 13만 1,250만 달러(약 1억 5,000만 원)에 판매	최초의 NFT 거래 미술품 블록체인 기반 디지털 작품
	〈매일: 첫 5,000일〉	2021년 3월, 크리스티 경매소에서 진행 저스틴 비버, 케이티 페리 등과 협업한 작품 6,934만 달러(약 830억 원)에 판매	디지털 작품 NFT 판매 작품 중 최고가
	〈첫 번째 릭 & 모티 크립토아트(The First Ever Edition of Rick and Morty Cryptoart)〉	저스틴 로일랜드의 크립토 아트 컬렉션 중 하나 2021년 1월 15만 달러(약 1억 6,000억 원)에 판매	디지털 콘텐츠 작품
	스타워즈 테마 NFT	2020년 12월, 니프티 게이트웨이에서 판매 77만 7,777달러(약 8억 5,000만 원)에 판매	NFT로 제작된 디지털 작품
국내	〈미싱 앤드 파운드〉	2021년 3월 국내 첫 NFT 경매 사례 6억 원에 판매	디지털 그림
	〈황소〉	2021년 6월, 고 이중섭 작가의 작품을 디지털화해 작품에 대한 NFT 발행 작가 유족 측에서 NFT 발행 반대해 판매 취소	현물 작품

[표 30-2] NFT를 활용한 미술품, 예술품 거래 사례

담은 작품을 NFT로 선보였는데 국내에서 거래된 첫 번째 NFT는 그의 〈미싱 앤드 파운드〉로 이는 2021년 3월, 6억 원에 거래되었다.

1992년 닐 스티븐슨은 소설 『스노 크래쉬』에서 메타버스라는 단어를 처음으로 탄생시켰다. 영화 〈레디 플레이어 원〉에서도 주인공이 메타버스 세계에 진입한다. 머지않아 메타버스 공간과 현실의 장벽은 점점 허물어질 것이다. 지금 이 순간과 마주한 미래의 순간이 더욱 기대되는 이유이기도 하다.

참고문헌 및 사이트

- 「구사마와 박서보 낙찰률 100%…케이옥션 올 마지막 메이저경매」, 서울경제, 2021.12.25.
- 「국가·공공기관 도입을 위한 블록체인 암호기술 가이드라인」, 국가정보원·과학기술정보통신부·국가안보기술연구소·한국정보통신기술협회, 2020.12.
- 「'도지' NFT, 45억원에 팔려… 밈 NFT 최고가 기록」, 연합뉴스, 2021.6.12.
- 「마이클 조던, NFT 출시.. 개당 2.3 SOL 판매 등」, 매일경제, 2022.3.4.
- 「[시사금융용어] 민팅(Minting)」, 연합인포맥스, 2022.3.1.
- 「아는 만큼 보이는 NFT 세상」, 매거진한경, 2022.3.2.
- 「[유럽 블록체인 현장] ①네덜란드의 3각 동맹 '더치 디지털 델타'」, IT조선, 2018.6.27.
- 「[은산분리 완화 ①] 규제혁신 VS. 원칙파기 불붙은 논쟁」, 투데이신문, 2018.8.10.
- 「전라로 나무·지네 낳는 '마돈나 NFT'… 불붙은 경매가」, 매일경제, 2022.5.12.
- 「초보자용 가이드 'NFT 용어' 정리」, 뉴스앤미디어, 2022.5.6.
- 「토큰 이코노미, 블록체인에 스며들다」, 공학저널, 2020.7.2.
- 「2021 NFT 시장 보고서」, 블록체인 데이터 플랫폼 기업 체이널리시스
- 「2021년 1분기 암호화폐 동향 보고서」, 코인데스크코리아
- 「"MZ 고객 사로잡는다" 카드사들 NFT에 '눈길'」, 데일리한국, 2022.2.1.
- 「NFT 기술의 이해와 활용, 한계점 분석」, 민경식·김관영·박진상·한국인터넷진흥원, 2021.9.10.
- 「NFT DAOs의 부상」, 블록체인투데이, 2022.1.5.
- 「NFT로 수익 창출하기 어려운 이유… '2021 NFT 시장 보고서' 발표」, AI타임스, 2021.12.8.
- 「NFT로 프로필 사진 만드세요…'PFP NFT' 돌풍」, 한국경제신문, 2022.2.21.

· 『게임이론- 전략과 정보의 경제학』, 김영세, 박영사

· 『비즈니스와 경제학 네덜란드식 경매』, 경매전략공부, 2018.12.20.

· 『NFT 사용설명서』, 맷 포트나우·큐해리슨 테리, 여의도책방

· 메타마스크 metamask.io

· 블록미디어 www.blockmedia.co.kr

· 어반딕셔너리 www.urbandictionary.com

· 엔에프티즈 nftz.co.in/tip/63

· 연합인포맥스 news.einfomax.co.kr

· 코스콤 www.koscom.co.kr

· 코인데스크코리아 www.coindeskkorea.com

· 해시넷 wiki.hash.kr

· MIT Labs mitsoftware.com/en/what-is-a-presale-nft

· MIT 테크놀로지 리뷰 www.technologyreview.kr/what-is-nft

· Phemex phemex.com

· SK텔레콤 뉴스룸 news.sktelecom.com/176795